限界利益（見積・分析）をうまく使って「売上アップ！」

利益と付加価値を生み出す 原価計算・経営改善テクニック

堀口　敬【著】

日刊工業新聞社

はじめに

「国内の大手製造業の労働生産性（社員１人が生み出す付加価値）は970万円／人年、それに対して中小製造業はたったの520万円／人年。」（2022年中小企業白書より）

なぜ、中小製造業の労働生産性はこんなに低いのか？

全ての原因は決算書にある！

◆ まずは、価格見積について…

決算書では、製品原価は材料費だけでなく「その製品を作るためにかかった労務費」も含めて計算することになっている。これ自身は問題ない。問題は決算書で使っている「製品原価の計算ルール」を、製品価格を決めるときにも使っていること。

製品価格を「材料費と労務費の合計」で決めると、せっかく下請けから抜け出すために高付加価値製品を作っても、結局は労務費という「手間賃」と、微々たる利益しか手に入らない。

ではどうすればよいのか。製品価格は材料費に「その製品の希望限界利益（付加価値）」を乗せて決めるべき。つまり、決算書のルールは価格見積に使ってはいけないということ。このままでは、中小製造業は永遠に下請け企業から抜け出せない。

◆ 次は、経営管理について…

多くの中小製造業は、決算書を指標にして経営を行っている。しかし、決算書には経営には使えない３つの欠点がある。

◆ １つ目は、製品の利益がわからないこと

決算書では「会社が売っている各製品の利益」と「会社全体の利益」の

関係がわからない。たとえ製品毎の粗利や営業利益を計算しても、製品原価のなかに「売上が増えても変わらない労務費」が埋没しているので、製品の売上数が少しでも変わると、「全ての製品の利益」がまちがって計算される。これでは、とても製品戦略には使えない。

◆ 2つめは、決算書は1年に1回しか結果が出ないこと

決算書で経営すると、経営改善のPDCAサイクルは、決算書が出てくる1年周期になる。これでは、とても変化が速い現在の経営環境にはついていけない。たとえ、月次決算を行っても、前述のように製品毎の利益はわからないので使い物にならない。

◆ 3つ目は合法的な粉飾決算が可能なこと

決算書は、在庫生産すると、労務費の一部が次年度の費用になるので、その年の利益が大きくなるように作られている。つまり、決算書は「合法的な粉飾決算」が可能な仕組みになっている。決算書に書かれる利益は「企業の本当の実力」を表していない。

しかし、この3つの決算書の欠点は、決算書の計算方法を「全ての企業で同じルール」に統一するために、どうしても避けられない「必要悪」と言える。つまり、「**決算書のルールを変えることはできない**」。

以上の「決算書の欠点」を避けるには、経営管理を行うときには、決算書は横に置き、この本で紹介する「**限界利益**」を使うしかない。

この本では、限界利益の目的と使い方をできるだけわかりやすく紹介する。この本を使って、多くの中小製造業が、下請け体質から付加価値経営に脱皮することを願っている。

2023年7月　堀口敬

限界利益（見積・分析）をうまく使って「売上アップ！」
——利益と付加価値を生み出す原価計算・経営改善テクニック

CONTENTS

実践編

第3章 限界利益を使って経営する

第4章 限界利益で売上を伸ばす

第5章 開発段階に付加価値を生み出す

第6章 スキルアップで付加価値を生み出す

第7章 製造段階に付加価値を生み出す

第8章 短納期対応で付加価値を上げる

第1章

日本の製造業が抱える7つの課題

基礎編

1-1 「バックミラー経営」が企業を衰退させている

日本企業のほとんどは「決算書」を指標にして経営を行っている。しかし、決算書は所詮過去のデータ。そんな過去のデータを見るだけで経営ができるのだろうか？

ポイント1 バックミラー経営とは「過去を見ながらの経営」

全ての企業は春になると、前の年の売上や費用を集計した「決算書」を作って税務署に提出する。しかし、決算書に書かれているのは「前の年の結果」、つまり「過去１年間のできごと」にすぎない。

そのため、決算書を見ての経営は、必然的に**「過去を見ながらの経営」**になる。

「過去を見ながらの経営」は、自動車の運転をするときに「バックミラーに映る後続車」に気を取られ、前を見ないで運転するのに似ているので、**「バックミラー経営」**と呼ばれる（図 1-1）。

図 1-1 ▶ バックミラー経営

ポイント2 なぜバックミラー経営ではいけないのか

バックミラー経営の具体的な欠点（図1-2）とその対応策（**限界利益分析**）は以下の2つ。

① 経営状況の把握は、決算書ができる年に1回だけ

今年度の実績をまとめた決算書ができるまでの1年間は、前年度の決算書しかデータがない。年度の途中には「製品単位や事業単位での収益把握」は難しいので、今年度の決算書ができるまでの1年間は前を見ないで経営するしかない。それに対して、年度の途中でも製品単位や事業単位での収益把握を簡単に行うのが「限界利益分析」。

② 経営計画は前年度の反省がもとになる

決算書ベースの経営計画は、「目標売上高、目標コストダウン額」といった前年度目標に対して「目標が未達だった原因と反省点」をもとに作るので、今後予測される環境変化を盛り込んだ計画にはなりにくい。それに対して、予想される環境変化への様々な戦略案の効果を、机上で確認するのが「限界利益分析」。

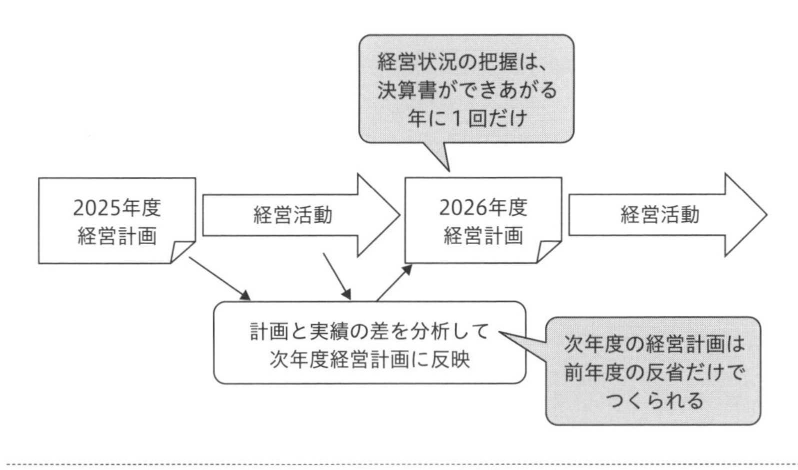

図1-2 ▶ バックミラー経営の欠点

ポイント3 中小製造業の73%はバックミラー経営

日本の中小製造業の73%は、決算書の作成は「税理士任せ」になっている(図1-3)。経営者は年末に決算書ができたら、そこに書かれている「過去1年間の経営実績」を見て、次年度の経営計画を作る。

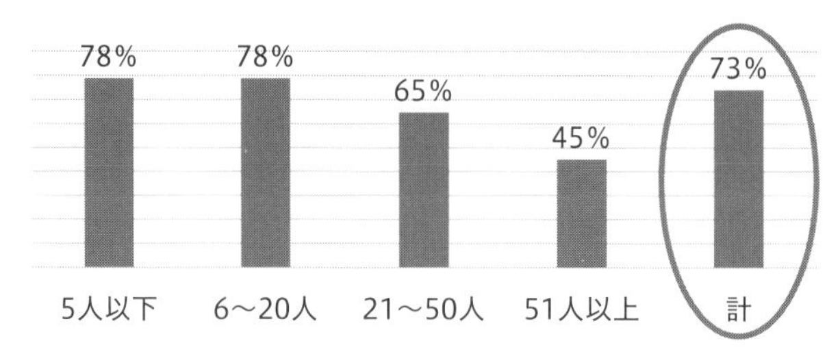

〔出典:政府統計e-Statのデータから集計〕

図1-3 ▶ 決算書作成は税理士任せ(中小製造業)

また、多くの金融機関は「資金を貸りたい企業」の決算書を見て、「格付けデータ」を作り、それをもとに融資条件を決めている。そのため、金融機関から資金を借りたい企業は、どうしても決算書に目がいき、いつの間にかバックミラー経営という、なかなか這い出すことができない「**アリ地獄**」に落ちていく。

そんな経営者が「バックミラー経営」ではなく「未来を見た経営」を行うための最強の武器が「限界利益分析」。

限界利益分析は「**経営シミュレータ**」とも言われる。限界利益分析を使うと、経営者は様々な経営戦略の効果を確認しながら、意思決定ができる。

1-2 「在庫生産」が合法的粉飾決算を招く

「在庫を増やすと利益が増える」という話をよく聞くが、本当なのだろうか。それって粉飾決算にならないのだろうか？

ポイント4 コストには変動費と固定費がある

在庫の話をする前に、原価計算で扱う費用には変動費と固定費の2種類があることを説明しよう。

- **変動費**：生産数に比例して増える材料費、部品費など
- **固定費**：生産数に関係なく一定額が発生する労務費、設備費など

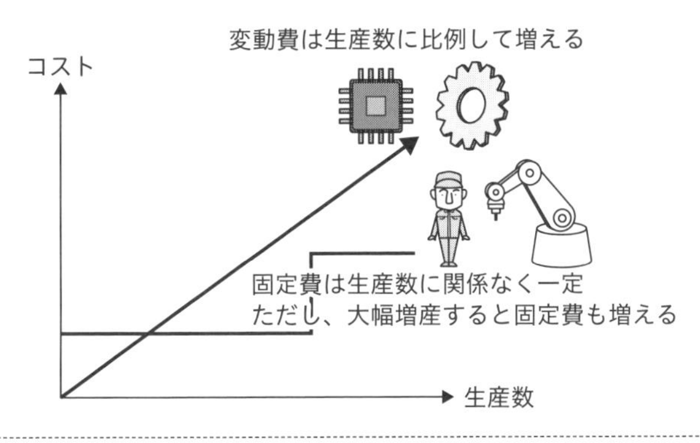

図1-4 ▶ 変動費と固定費

ただし、固定費といっても、どんなに生産数が増えても変わらない訳ではない。たとえば、生産量を2倍に増やすには、作業者数を増やしたり、設備を増やす必要がある（図1-4）。また、労務費のように、その中身を分解すると、基本給は固定費だが、残業代は「働いた時間に比例して払われるので変動費」といったように、固定費と変動費が混じった費用もある。

ポイント 5　製品原価の計算方法には２種類がある

製品原価の計算方法には「全部原価計算」と「直接原価計算」の２種類がある。

◆ 全部原価計算

全部原価計算では、原価を変動費と固定費に分けないで、**全ての原価を製品原価として集計する**。

例えば、年間の固定費（労務費と経費）が60円のＸ社がある。Ｘ社では、売価100円で１個当たりの変動費（材料費）が60円の製品ＡとＢを、１年間に各１個生産している。製品ＡとＢの固定費が同額とすると、全部原価計算では、製品ＡとＢの原価は各々90円、Ｘ社の利益は20円になる（図1-5）。

> **Ｘ社での製品ＡとＢの原価**
> ＝変動費60円＋（固定費60円÷生産数２個）＝90円／個

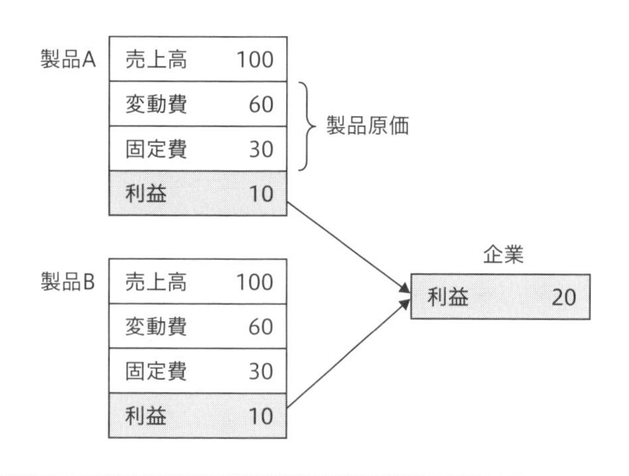

図1-5 ▶ 全部原価計算

◆ 直接原価計算

直接原価計算では、**変動費だけで製品原価を計算する**。

このとき、売価から製品原価（変動費）だけを差し引いた利益を「**限界利益**」という。

労務費や設備費などの固定費は、製品原価には含めないで「**その年の企業全体の費用（期間原価）**」として別に管理する。

先のX社における、直接原価計算での製品AとBの原価は材料費（変動費）だけで集計して各々60円、X社の利益は全部原価計算と同額の20円になる（図1-6）。

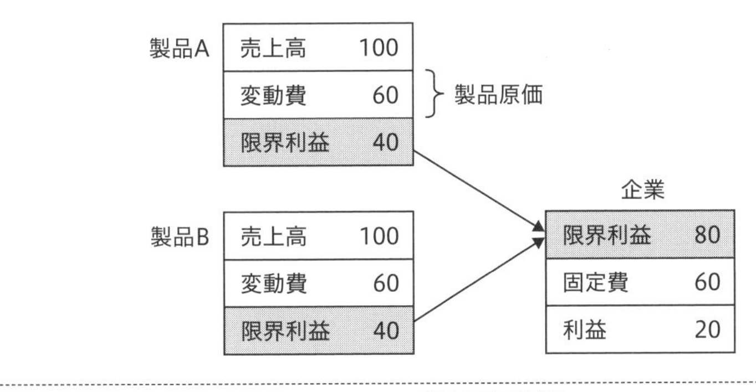

図1-6 ▶ 直接原価計算

ポイント6 全部原価計算では在庫を増やすと利益が増える

財務省が発行した「企業会計原則」の中の「原価計算基準」では、**決算書の作成は「全部原価計算」を使うことが義務付けられている**。

「全部原価計算」では、材料費などの変動費だけでなく、労務費や経費などの固定費も、生産した製品1個ごとに割り付ける。

したがって、このルールでは、**生産したのに売れなかった「在庫品」にも固定費が割り付けられることになる**。

その結果、在庫品を作ると「その年に発生した固定費の一部」が「在庫品の原価」として「**次年度以降の費用**」になる。

ということは、企業が在庫品を作れば作るほど、「今年の分の固定費」が減って、「企業の利益」は多くなる。

これは、粉飾決算のように見えるが、決算書で使うことが求められている「全部原価計算」を行うとこうなるので、**違法ではない**。

以下の例では、在庫がないときは企業利益は20円だが、在庫製品C（変動費と固定費は他の製品と同じ）を作ると全固定費60円のうちの20円が次年度以降の費用になり、今年度分の固定費は60円から40円に減る。その結果、今年度の企業利益は20円から40円に増える（図1-7）。

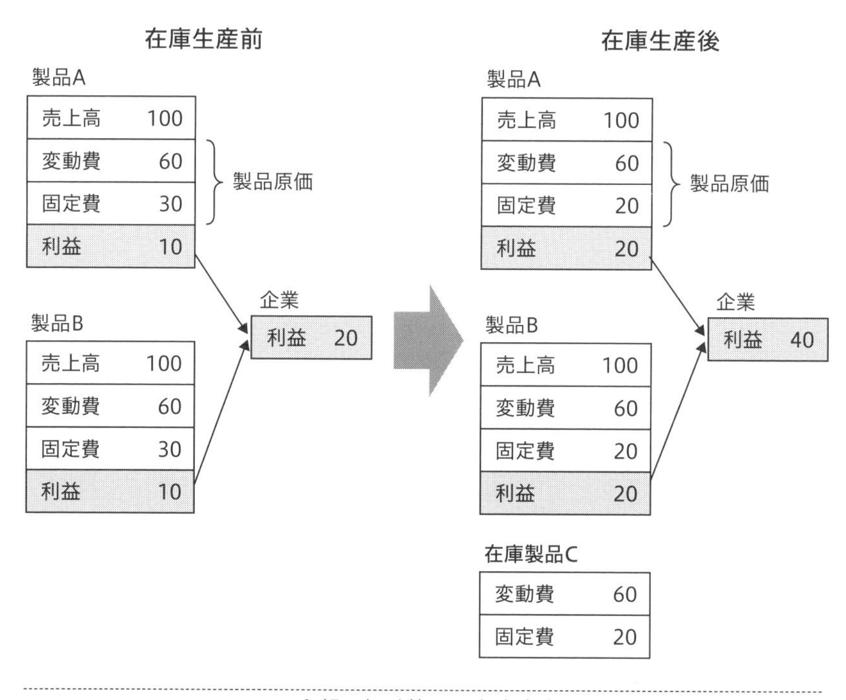

図1-7 ▶ 全部原価計算での在庫生産の影響

ポイント7 直接原価計算では在庫を増やしても利益は増えない

「直接原価計算」では固定費は製品に割り付けず、固定費は「その年だけのコスト」として扱って、次年度には持ち越さない。

たとえ在庫生産しても「労務費や経費などの固定費」はその年に払う必要があるので、**直接原価計算の方が現実的**と言える。

以下の例では、在庫がないときは企業利益は20円。在庫製品Cを作っても今年度分の固定費は60円のままなので、今年度の企業利益は在庫生産前の20円と変わらない（図1-8）。

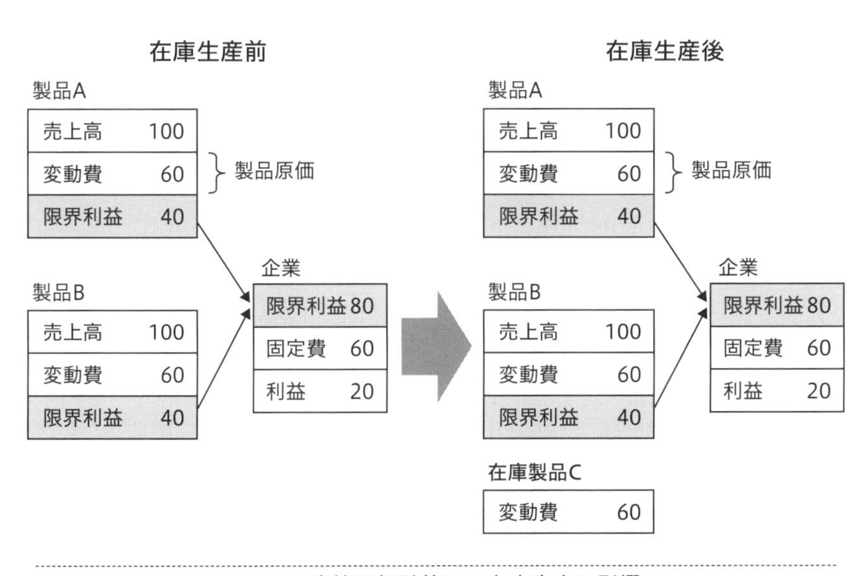

図1-8 ▶ 直接原価計算での在庫生産の影響

ポイント 8　直接原価計算はなぜ決算書に使えない

現実的で理想的な直接原価計算だが、全業種に共通の固定費と変動費の区分ルールを作るのはむずかしいので、**決算書に使うのは許されていない**。

以下のA社を例にして、企業が勝手に変動費と固定費の分け方を決めると、企業利益を操作できて「非常にまずい」ことを説明しよう。

図1-9では、A社は今年は売価1,000円の製品を2個生産し、1個は売ったが、もう1個は在庫になっている。A社が材料費だけを変動費、電気代と労務費を固定費にすると、直接原価計算では固定費は全て今期の費用にするので、A社の利益は200円になる（図1-9）。

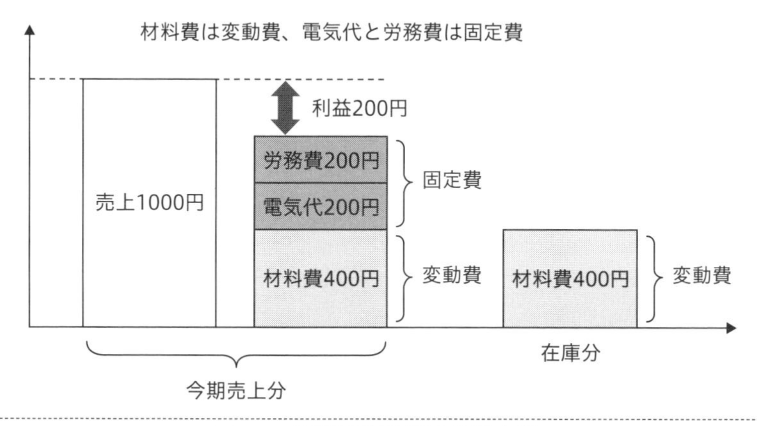

図1-9 ▶ 直接原価計算の問題点①

ところが、A社が、材料費と電気代を変動費、労務費だけを固定費にすると、直接原価計算ではA社の利益は300円になる（図1-10）。

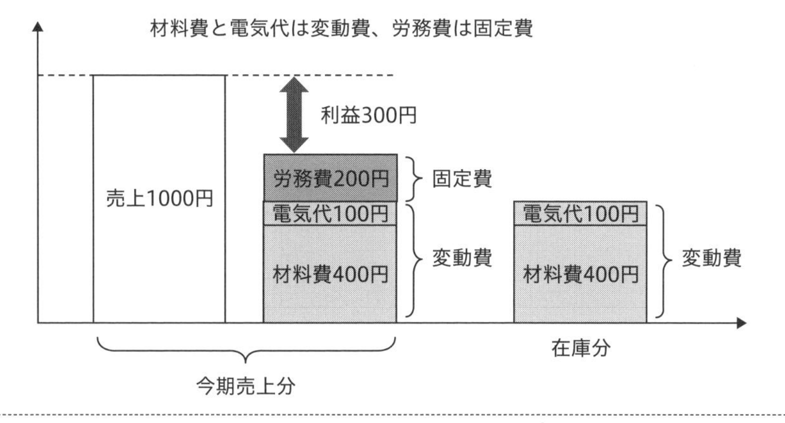

図 1-10 ▶ 直接原価計算の問題点②

このように、直接原価計算を使うと、変動費と固定費の分け方で「**利益操作**」が可能になる。

しかし、全部原価計算では変動費も固定費も製品原価として集計するので「変動費と固定費の分け方による利益操作問題」は発生しないで、A 社の利益は常に 400 円になる（**図 1-11**）。これが、全部原価計算が決算書のルールとして採用されている理由である。

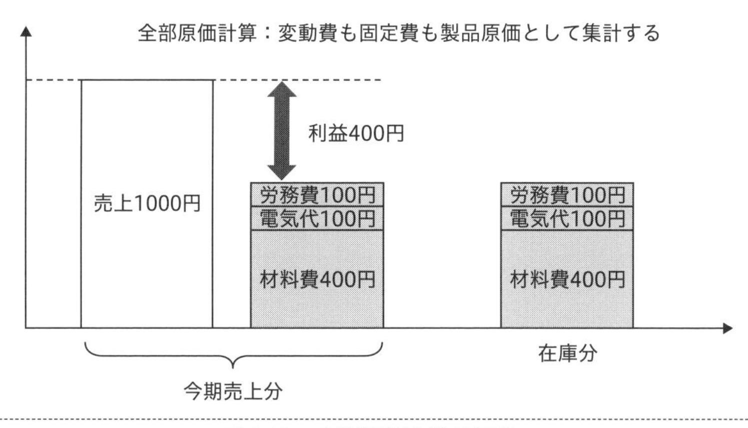

図 1-11 ▶ 全部原価計算の長所

ポイント 9　2つの原価計算方法を使い分ける

今までの話をまとめると、全部原価計算と直接原価計算には、それぞれに長所と短所があることがわかる。

まとめ　2つの原価計算の長所と短所

◆ **全部原価計算**

- 長所：費用を変動費と固定費に分けないので、変動費と固定費の分け方による利益操作を防げ、「税の公平性」を守れる。
- 短所：在庫生産すると、当期固定費の一部が次期固定費になるので、当期の利益が大きくなる。
- 使い方：税務署、株主、金融機関などに報告する決算書の作成などの「**財務会計**」に使う。

◆ **直接原価計算**

- 長所①：固定費は期間原価にするので、在庫生産しても当期利益は変わらない。
- 長所②：固定費を製品原価に割り付ける手間がかからないので、計算ルールが単純になる。
- 短所：全ての業種に共通の固定費と変動費の区分ルールを作るのは困難。かといって変動費と固定費の分け方を企業に任せると利益操作の温床になり「税の公平性」が崩れる。
- 使い方：企業の中だけで、「限界利益分析による経営の意思決定」などの「**管理会計**」に使う。

1-3 絵に描いた餅の「中計病」が企業を蝕んでいる

金融機関から資金を借りるため「中期経営計画」を作っている企業が多い。しかし、手間がかかる割に、本当に経営の役に立っているのだろうか？

ポイント10 中期経営計画のPDCAサイクルは2年周期

多くの企業では、例えば、2025年度（2025年4月～2026年3月）の予算と実績を比較するのは、2026年度が始まって2カ月経ち、2025年度の決算書ができる2026年5月になる。しかも、2026年2月には2026年度予算が、すでに作られている。結局「2025年度の反省」を予算に反映できるのは2年後の「2027年度予算」なので、**決算書を使ったPDCAサイクルは2年周期**になる。

したがって、決算書で計画達成状況をチェックする「中期経営計画」のPDCAサイクルも2年周期になり、**中期経営計画は「絵に描いた餅」になる**（図1-12）。日本の多くの企業はこの「絵に描いた餅」を作るために疲弊している。

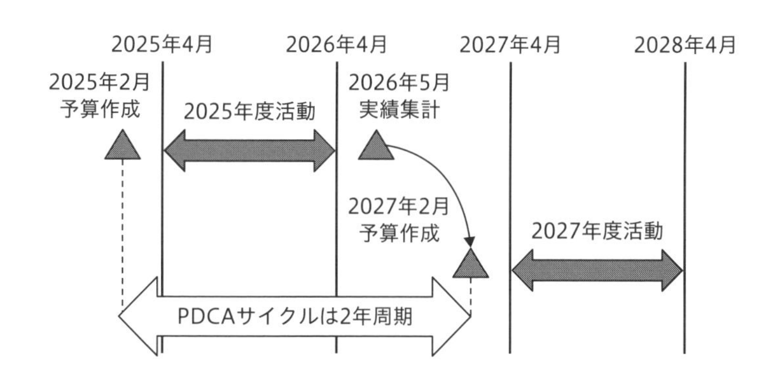

図1-12 ▶ 中期経営計画のPDCAサイクル

まとめ 「中計病」にかかる原因

① **バックミラー経営**

「過去のできごとを書いた決算書」で経営していると、決算書だけで目標の達成状況をチェックする中期経営計画を使ってしまう。

② **計画づくりが自己目的化**

計画が実行されなくても、中期経営計画を作ること自体が「自己目的化」されている。

③ **中計は役に立つとの思い込み**

金融機関などの説明で、中期経営計画は役に立つと信じている。

ポイント11 限界利益分析でPDCAサイクルを1か月周期で回す

限界利益分析では、「年間の目標限界利益」を「毎月の目標限界利益」に分解する。その月の限界利益実績が目標未達なら、次の月に対策を実行する。**限界利益分析を行うことで、PDCAサイクルは1か月周期で回り始める**（図1-13）。

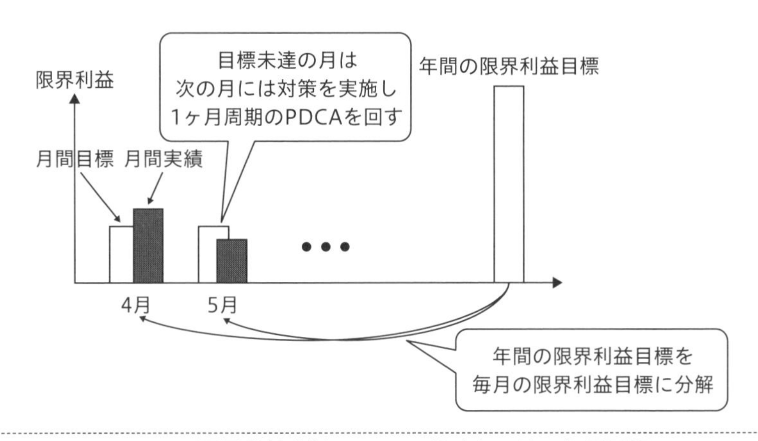

図1-13 ▶ 限界利益分析のPDCAサイクルは1か月周期

1-4 手間賃経営が企業を「値下げ地獄」に落としている

多くの企業は「手間がかかる製品は高く、手間がかからない製品は安く」というルールで売価を決めているが、これでよいのか？

ポイント12 手間賃経営での価格見積では少ないマージンしか取れない

「手間がかかる製品は高く、手間がかからない製品は安く」という価格決定ルールで経営するのを「**手間賃経営**」という。

手間賃経営での製品の見積価格
＝材料費＋加工費＋希望利益
＝材料費＋（賃率×加工時間）＋希望利益

賃率が5,000円／時間の工場で、材料費1,000円の製品を作業者1人が0.1時間で作り、希望利益が100円では、見積価格は1,600円になる。

製品の見積価格
＝材料費1000円＋（賃率5000円／時間×0.1時間）
＋希望利益100円
＝1600円

このルールで価格を見積もると、たとえ**付加価値が高い製品でも、「加工費＋希望利益」という少ないマージンしか取れない**（図1-14）。

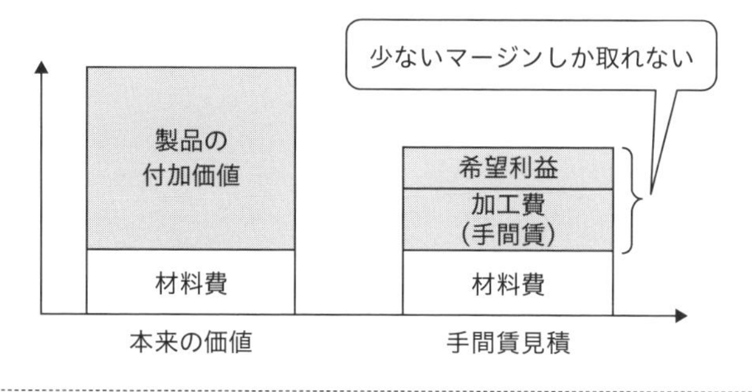

図 1-14 ▶ 手間賃見積では少ないマージンしか取れない

ポイント 13

手間賃経営で使われる「賃率」とは「1 人の作業者が 1 時間働いたときのコスト」

ここで登場した「賃率（ちんりつ）」とは「1 人の作業者が 1 時間働いたときにかかるコスト」のこと。賃率の計算方法は工場によって違うが、もっとも使われている計算式は以下になる（図 1-15）。

賃率

＝工場の 1 年間の固定費 ÷ 工場全体の年間加工時間

＝工場の 1 年間の固定費

÷（作業者数 × 作業者 1 人の年間労働時間 × 作業者の稼働率）

稼働率

＝作業者が実際にモノを加工している時間 ÷ 作業者の労働時間

なお、賃率は企業によって呼び名が違い、「レート、チャージ、単金、人工（にんく）」とも呼ばれる。

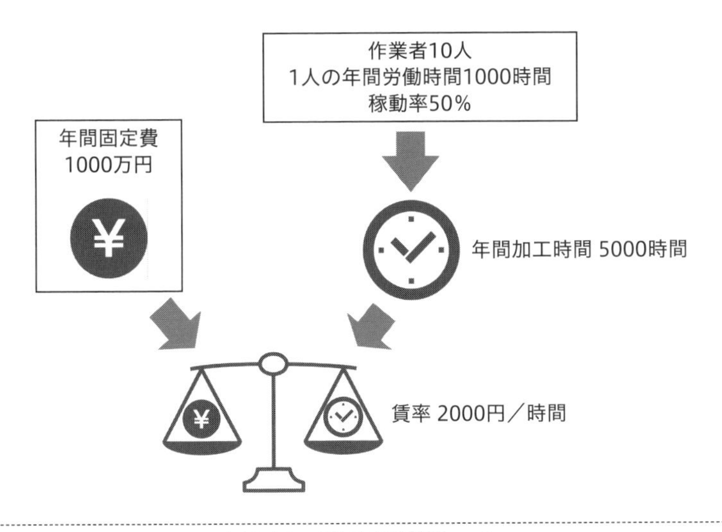

図 1-15 ▶ 賃率の計算ルール

ポイント 14　こんな手間賃見積を使う原因は「企業会計原則」

どうして、中小製造業は「こんなに儲からない手間賃見積」を使うのだろうか？

原因は、企業が決算書作成を行うときの基本的ルールが書かれた「**企業会計原則**」にある。「企業会計原則」では、全ての製造原価を製品原価として集計する「全部原価計算」を使うように、つまり「製品原価＝材料費＋加工費」というルールで計算するように書かれている。

「では仕方ないね」と思う方が多いかもしれない。

ところがそれは大間違い！

「企業会計原則」に書かれているのは「決算書の作り方」であって、企業が価格見積を行うときに「製品原価＝材料費＋加工費」で計算しなければならないと書いているわけではない。

ところが、多くの中小製造業は、税務署や税理士に忖度して「決算書を作るときの原価計算ルール」を、企業経営で最も重要な「価格設定」にも使っている。

その結果、付加価値が高い製品であっても「材料費＋加工費」に「わずかな希望利益」だけを乗せて「安売り」し、せっかくの儲けるチャンスをみすみす逃している。

大変な勘違いである！

ポイント15 手間賃経営では高付加価値製品を開発できない

製造業平均では限界利益に対する労務費の割合は37%（図1-16）。しかし限界利益に対する研究開発費の割合はたったの0.8%しかない（図1-17）。

このことから、手間賃経営が原因で限界利益が増えず、研究開発費に回す余力がないので高付加価値製品を開発できず、**いつまでも手間賃経営から抜け出せない製造業が多い**のがわかる。

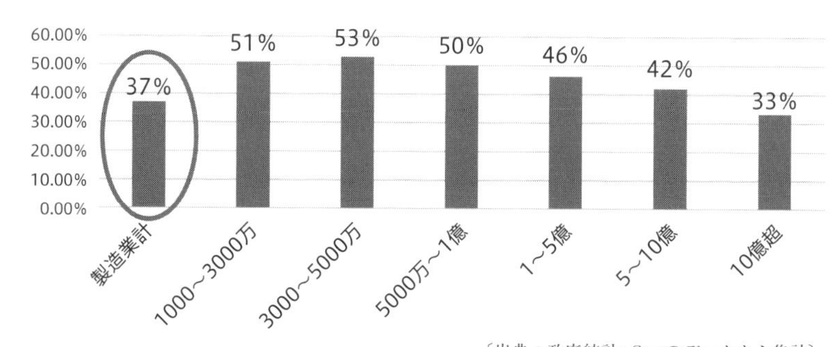

図1-16 ▶ 限界利益に対する労務費の割合

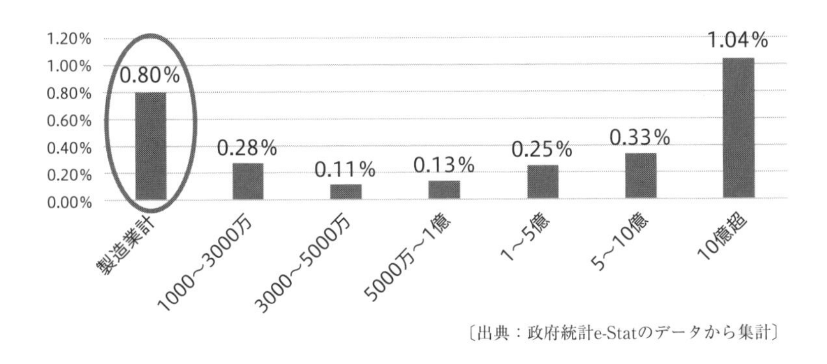

〔出典：政府統計e-Statのデータから集計〕

図 1-17 ▶ 限界利益に対する研究開発費の割合

ポイント 16 手間賃経営では高付加価値製品を安値で売ってしまう

手間賃経営の例として、金属部品の製造会社の事例をあげる。この会社の工場は賃率が2,000円／時間で、工場で作っている製品Ａの加工精度は±0.5mmで「玩具の部品」に使う。それに対して、同じ工場で作っている製品Ｂの加工精度は±0.01mmで「精密機械の部品」に使っている。

この場合、製品ＡとＢの材料費が1,000円、加工時間が0.5時間、希望利益が500円なら、「手間賃見積」では見積価格は両方とも2,500円になる。

加工精度が高いので付加価値が高い製品Ｂは、本来は2,500円以上の価格を付けられるが、「手間賃見積」を行うために安値が付き、「**得るべき正当な対価（利益）**」をみすみす取り損ねている。

材料費　1000円、加工時間0.5時間、希望利益500円
見積価格
＝1000円＋（2000円／時間×0.5時間）＋希望利益500円
＝2500円

手間賃経営では価格競争の地獄から抜け出せない

価格競争の事例として、A社とB社は製品Cの価格競争を行っているとする。この場合は、両社での製品Cの材料費と加工時間が全く同じなら、表1-1のように「労務費の差が製品原価の差」になる。

つまり**給料が安いB社が受注できる**。

表1-1 ▶ A社とB社の原価の比較

		A社	B社	
会社全体	労務費	30,000,000	20,000,000	社員の給料
	経費	20,000,000	20,000,000	
	固定費	50,000,000	40,000,000	労務費＋経費
	作業者数	10	10	
	労働時間	2,000	2,000	1人当たり
	稼働率	80%	80%	
	賃率	3,125	2,500	固定費÷(作業者数×労働時間×稼働率)
製品Cの原価	材料費	2,000	2,000	
	加工時間	2	2	
	加工費	6,250	5,000	賃率×加工時間
	製品原価	8,250	7,000	材料費＋加工費

多くの国内製造業は、価格競争に勝つために賃金を抑え込んだ結果、社員のモチベーションが下がり、意欲ある新人が入らず、付加価値を生む人材が枯渇し、「**価格競争の地獄**」から抜け出せなくなっている（図1-18）。

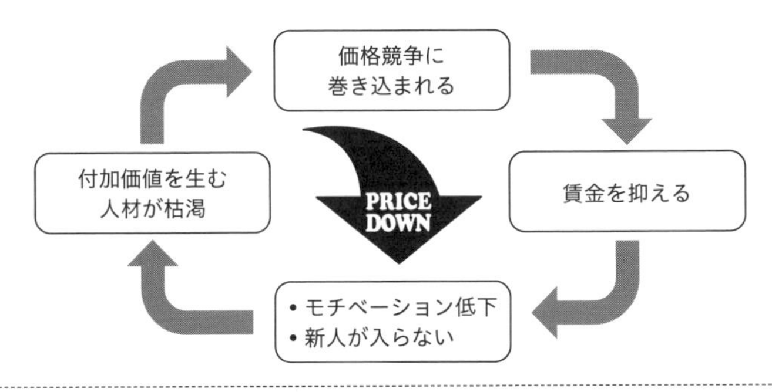

図1-18 ▶ 価格競争の地獄

ポイント18 目標限界利益率を使って価格競争から抜け出す

価格競争の地獄から抜け出すには、**「目標限界利益率を使った価格見積」**を行うしかない。

目標限界利益率は「企業全体の目標限界利益」を「製品の目標限界利益率」に落とし込んで決める（詳しくは第4章1）。

見積価格
＝材料費÷(1－目標限界利益率)

例えば、材料費1,000円、目標限界利益率60％の製品Aの見積価格は2,500円になる（図1-19）。

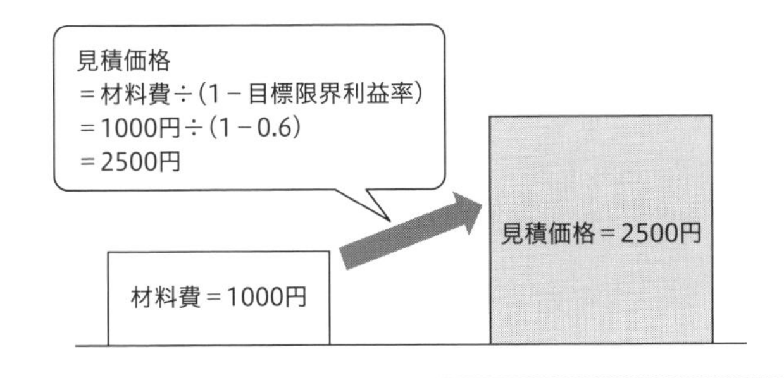

図1-19 ▶ 製品Aの見積価格

1-5 過去を振り返るだけの「差異分析」は意味がない

多くの企業では、期末になると予算と実績を比べる「**差異分析**」を行っているが、期末になってから分析しても手遅れではないか？

ポイント19 期末に差異分析しても手遅れで意味がない

差異分析は「決算書を使ったバックミラー経営」で使われる代表的な経営分析手法で、製品原価は「全部原価計算」で集計する。「年の初めに決めた標準原価（予定原価）」と「期末に集計した実際原価（実績原価）」を比較し、「製品原価の差」が生じた原因を、図 1-20 の構成要素の中から見つける。

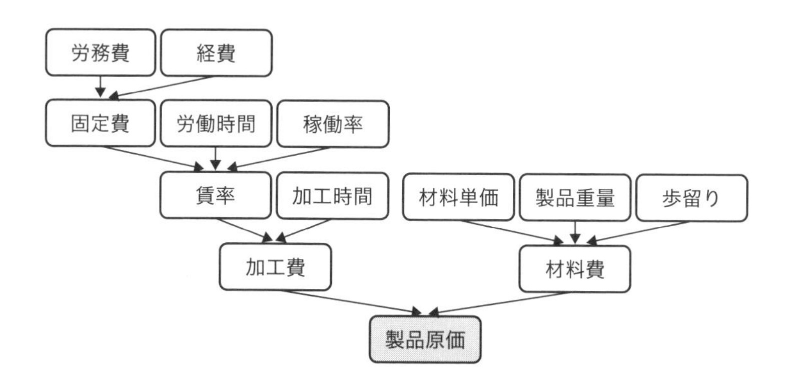

賃率 = 固定費 ÷(年間の全作業者の労働時間 × 稼働率)

加工費 = 賃率 × 加工時間

材料費 = 材料単価 ×(製品重量 ÷ 歩留まり)

製品原価 = 材料費 + 加工費

図 1-20 ▶ 差異分析で使われる「製品原価の構成要素」

例えば、以下のケースでは、実際の製品原価が目標よりも3,883円上がった原因は、「稼働率、加工時間、材料歩留り」の3つだとわかる（表1-2）ので、それらについて原因調査と対策を行う。しかし、期末になってから分析しても手遅れで、意味がない。

表1-2 ▶ 差異分析

	標準	実際	差異
固定費	4000万円	4000万円	0
労働時間	10000時間	10000時間	0
稼働率	80%	50%	－30%
賃率	5000円／人時間	8000円／人時間	＋3000円／人時間
加工時間	1時間	1.1時間	＋0.1時間
加工費	5000円	8800円	＋3800円
材料単価	100	100	0
製品重量	10	10	0
歩留り	80%	75%	▲5%
材料費	1250円	1333円	＋83円
製品原価	6250円	10133円	＋3883円

製品原価が
3883円上がった
3つの原因

差異分析のPDCAサイクルは1年周期

このように、差異分析は目標原価と実際原価を比較するので、経営分析には有効なように思われる。

しかし、ほとんどの企業では、まるまる1年間「作業日報」で加工時間などを記録し、1年分の実績集計が終わってから「差異分析」を行っている。その結果、差異分析のPDCAサイクルは1年周期で回る。これでは、経営分析をやっても、分析結果から決めた対策のほとんどは「**手遅れ**」になる。

まとめ 差異分析の２つの欠点

① １年周期のPDCAサイクル

1年間の事業年度が終わってから行う差異分析のPDCAサイクルは「1年周期」になる。これでは、変化が速い現在の経営環境では使い物にならない。次の年になってから「目標と実績の差の分析結果」をもらっても「いまさら何言っているの！」となる。

② 日報書きの負担が大きすぎる

役に立たない差異分析を行うために、1年間、全作業者に「作業日報」を毎日書かせている企業が多い。これはとてつもなく大きなムダになる。

このように「**事後的な分析の差異分析**」なので、差異分析がもっとも使われるのは、経営管理部門が社長や金融機関に「目標未達だった原因の調査結果」を報告（弁解）する**儀式の場**が多い。

KPIを使ってPDCAサイクルを1か月周期で回す

差異分析を「事後的な分析」に終わらせないために、差異分析のPDCAサイクルを短期間で回す方法がある。

製品原価の構成要素の中から、重要な指標を抜き取り、1カ月単位で改善効果を測定し続けると、PDCAサイクルは1か月周期で回る。そういった重要な指標は「**KPI（重要業績評価指標）**」と呼ばれる（表1-3）。

まとめ　製品原価を構成する代表的なKPI

- **材料歩留まり**
- **材料単価**
- **不良率**
- **組立時間**
- **段取時間**
- **機械加工時間**
- **設備稼働率**
- **作業者の稼働率**

表1-3 ▶ KPIを使った管理表

KPIの目標値に対して
改善のPDCAサイクルを1か月周期で回す

	目標値	4月	5月	6月	…	3月
KPI：段取時間	5分	30分	20分	10分		
実行した改善策			工具配置の見直し	専用治具の導入		

1-6 「標準賃率」を使い、年末に真実を知っても手遅れ

多くの企業では標準稼働率（予定稼働率）から標準賃率（予定賃率）を決め、1年間の価格見積に使い続けている。しかし、稼働率が不安定で予測困難な「受注生産型企業」が標準賃率を使っていても大丈夫なのか？

ポイント22 標準賃率と見積価格の関係を理解する

ほとんどの企業は、会計年度が始まる前に、その年の「工場の稼働率」を予測して標準稼働率（予定稼働率）を決める。次に標準稼働率をもとに標準賃率（予定賃率）を決める。

その後の1年間は、この標準賃率を使って、「顧客に出す見積価格」を計算し続ける。

見積価格
＝材料費＋（標準賃率×加工時間）＋希望利益

ポイント23 標準賃率を使うと期末に赤字が判明する

しかし、この「標準稼働率」には大きな落とし穴がある。

受注生産型の中小製造業は、毎月の工場の稼働率は「**受注状況次第**」なので、1年間の平均稼働率を予測するのは非常に難しい。それでも、無理やり稼働率を予測すると、外れる可能性が高い。

次の例では、A社は年初に今年の標準稼働率は80％、標準賃率4,000円／時間として、製品Bを価格11,000円、利益1,000円に設定した。

しかし、期末に実績を集計すると、実際稼働率40％、実際賃率は8,000

円／時間だった。そのため、利益1,000円を見込んでいた製品Bの利益は、▲7,000円の赤字になった。

つまり、受注生産型企業が標準賃率を使うのは極めて危険なのである。

年初の標準稼働率80%での製品Bの利益

標準賃率＝4000円／時間

加工費＝4000円／時間×2時間＝8000円

製品利益

＝製品価格－材料費－加工費

＝11000円－2000円－8000円＝ ＋1000円

年末にわかった実際稼働率40%での製品Bの利益

実際賃率＝8000円／人時間

加工費＝8000円／時間×2時間＝16000円

製品利益

＝製品価格－材料費 - 加工費

＝ 11000円－2000円－16000円＝ ▲7000円

受注生産型の企業では、固定費を製品に割り当てる「全部原価計算」は、決算書の作成だけに使い、価格見積は稼働率を使わない「**目標限界利益率を使った見積**」を行うべきである。（第4章1参照）

見積価格

＝材料費÷(1－目標限界利益率)

1-7 「全部原価計算」で製品戦略はつくれない

全部原価計算では、「生産数に関係なく一定額が発生する固定費」を、生産した各製品に割り付けて、製品原価を計算する。これでは、生産数が変わると固定費の総額も変わるので、理屈的におかしいのではないか？

ポイント24 全部原価計算では製品の統廃合戦略で判断ミスをする

「全部原価計算」では、固定費を「生産した製品1個ごと」に割り付けるので、製品の利益計算に固定費が紛れ込む。そのため、企業が「製品の統廃合」を検討するときに大きな間違いを犯す。

例えば製品A、B、Cを売っているX社が製品C（赤字▲1,000円）の販売を中止すると、X社の利益は1,000円増えそうに思える。しかし、これは全部原価計算を使ったことによる勘違い。実際には、製品Cの販売をやめると、製品Cが背負っていた固定費を、製品A、Bで背負う羽目になり、X社の利益は2,000円減って、赤字の▲500円になる（図1-21）。

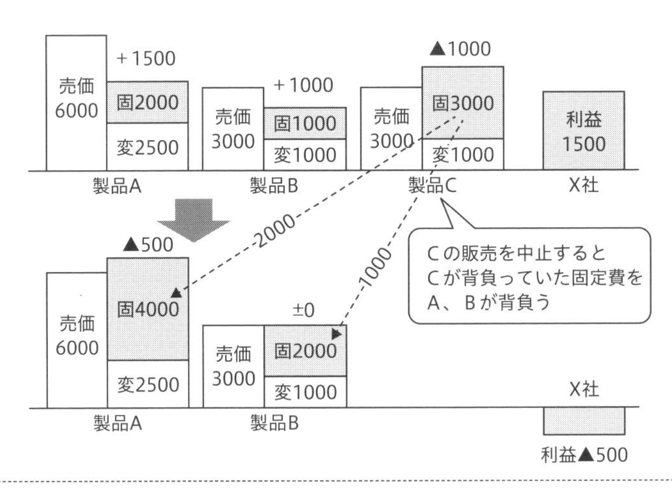

図1-21 ▶ 全部原価計算では固定費の再割り付けが必要

ポイント 25 製品の統廃合戦略は限界利益で行う

限界利益分析で使っている「直接原価計算」では、固定費は製品に割り付けない。固定費6,000円は、その年だけの「期間原価」とし、製品原価の外に置いて管理する。

製品Cの販売を中止すると、製品Cの限界利益2,000円がなくなるので、X社の利益は2,000円減り赤字の▲500円になり、正しい利益計算ができる。

直接原価計算のロジックは極めてシンプル。間違いは起こりようがない。

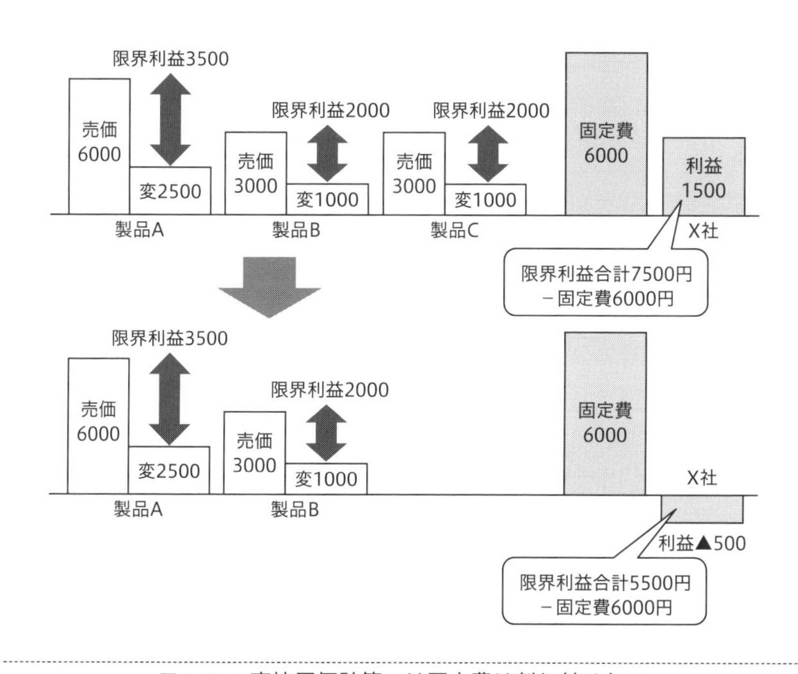

図1-22 ▶ 直接原価計算では固定費は割り付けない

ポイント 26　全部原価計算では販売数が変わると製品利益を再計算しなければならない

例えば、X社の年間固定費は1,200円、製品Aだけを1年間に10個売り、製品Aの売価は300円、材料費は80円とすると、全部原価計算では、製品Aの利益は1個100円になる。

製品A　1個当たりの固定費
=企業の年間固定費1200円÷10個=120円
製品Aの利益
=製品売価300円−材料費80円−固定費120円
=+100円

X社が製品Aを計画通り10個売ると、製品利益の合計は1,000円、全社の売上と費用で計算したX社の利益も1,000円で、2つは一致する。

製品利益の合計
製品利益100円×10個=+1000円
全社の売上と費用で計算したX社の利益
売上3000円−材料費800円−固定費1200円=+1000円

しかし、製品Aが予定の半分の5個しか売れなかったら、製品利益の合計は500円だが、全社の売上と費用で計算したX社の利益は赤字の▲100円になり、**2つは食い違う**。

製品利益の合計
製品利益100円×5個=+500円
全社の売上と費用で計算したX社の利益
売上1500円−材料費400円−固定費1200円=▲100円

2つの計算結果は食い違っているが、もちろん全社の売上と費用で計算した赤字の▲100円が正しい。

全部原価計算では、売上数が予定から変わったら、「製品1個に割り付ける固定費」を修正しなければ、正しい結果を得られないので製品戦略には使えない。

製品Aが5個しか売れないのなら、製品1個当たりの固定費は120円から240円に上がり、製品利益は＋100円から▲20円に下がる（図1-23）。これなら全社の売上と費用で計算したX社の利益と一致する。

製品利益の合計

製品利益▲20円×5個＝▲100円

全社の売上と費用で計算したX社の利益

売上1500円－材料費400円－固定費1200円＝▲100円

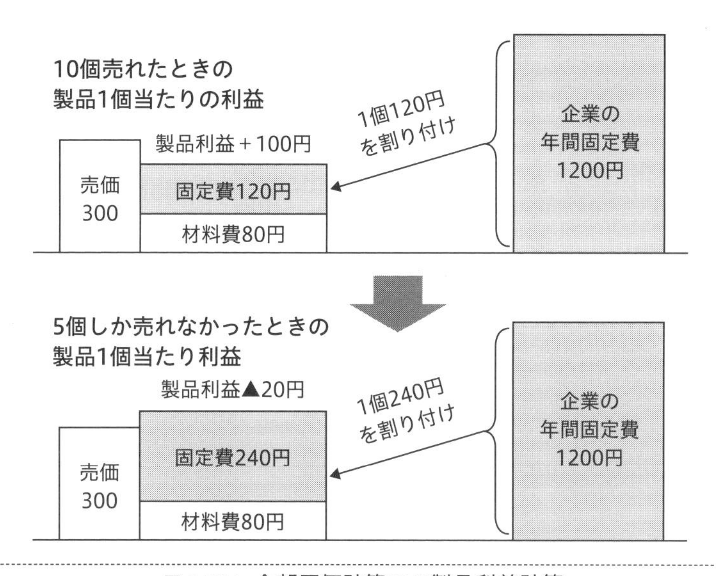

図1-23 ▶ 全部原価計算での製品利益計算

ポイント 27 製品利益の計算には限界利益を使う

前述のX社の利益計算を限界利益でやってみると、正確で全く問題ないことがわかる（図1-24）。

製品A1個当たりの限界利益
=製品売価300円－材料費80円
= 220円

X社が製品Aを計画通り10個売るとX社の利益は＋1,000円。

X社の利益
=(製品限界利益220円×10個)－固定費1200円
=＋1000円

製品Aが予定の半分の5個しか売れなかったらX社の利益は▲100円。

X社の利益
=(製品限界利益220円×5個)－固定費1200円
=▲100円

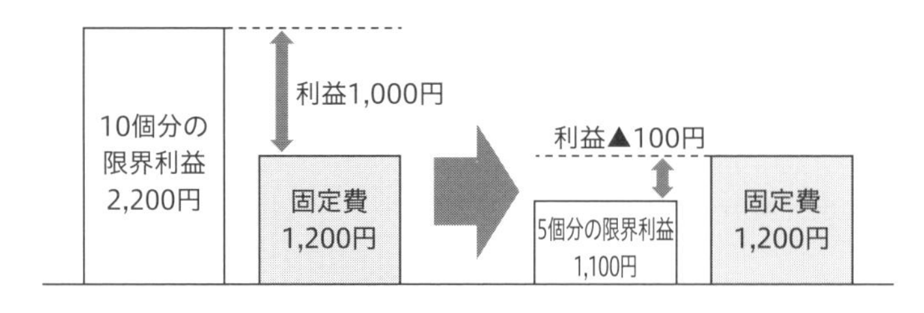

図1-24 ▶ 直接原価計算での製品利益計算

第2章

限界利益分析で課題を解決する

基礎編

2-1 「限界利益分析」で未来を見た経営をする

多くの企業は、予定売上数をもとに計算した製品原価で１年間経営し、年末に売上数が計画より少ないとわかったら、１年間に売った全ての製品の原価と利益を修正しているが、これで経営と言えるのか？

ポイント28 計算結果を比較すれば直接原価計算の効果は明白

ここで、直接原価計算の効果を確認するために、決算書が採用している「全部原価計算」と、限界利益分析が採用している「直接原価計算」を「ラーメン屋の利益計算」で比較してみよう。

ステップ1 全部原価計算でのラーメン屋の利益

ラーメン屋の「店員の給料や店の家賃」といった固定費が年間500万円、１年間のラーメンの売上予定数が１万杯では、「ラーメン１杯当たりの固定費」は500円になる。

ラーメンの売価が1,000円、材料費が300円では、ラーメン１杯の利益は200円。予定どおり１万杯売ると「ラーメン屋の年間利益」は200万円になる（図2-1）。

全部原価計算

ラーメン１杯の利益

＝売価1000円－材料費300円－「1杯当たり固定費500円」

＝200円

ラーメン屋の年間利益

＝ラーメン１杯の利益200円×1万杯＝200万円

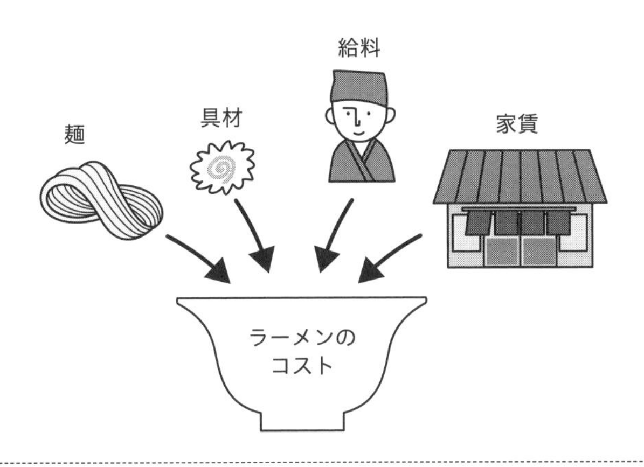

図 2-1 ▶ 全部原価計算（ラーメンのコスト）

ステップ 2 直接原価計算でのラーメン屋の利益

直接原価計算では、ラーメン 1 杯の限界利益は売価と材料費（変動費）だけで計算して 700 円。ラーメン屋の年間利益は「ラーメンの限界利益合計」からラーメン屋の固定費 500 万円を差し引いて 200 万円になる（図 2-2）。

直接原価計算

ラーメン 1 杯の限界利益

＝売価 1000 円－材料費 300 円＝ 700 円

ラーメン屋の年間利益

＝（ラーメン 1 杯の限界利益 700 円 ×1 万杯）－固定費 500 万円

＝ 200 万円

売上が予定どおりなら、全部原価計算でも直接原価計算でも「ラーメン屋の年間利益」は 200 万円で同じになる。

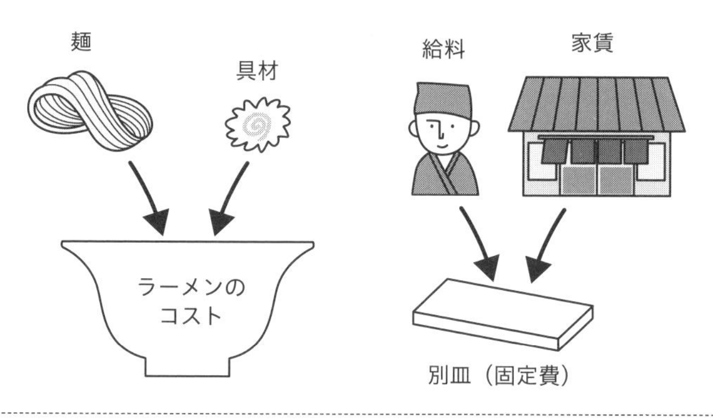

図 2-2 ▶ 直接原価計算（ラーメンのコスト）

ステップ3 売上が半分だった時の全部原価計算での利益

1年が終わったら、ラーメンの売上数が予定の1万杯には届かず、5千杯だったとする。全部原価計算では、そのときのラーメン屋の年間利益は、1万杯売れるときの半分の＋100万円になる（図 2-3）。

> 全部原価計算
> **ラーメン屋の年間利益**
> ＝ラーメン1杯の利益 200 円×5 千杯 ＝＋100 万円

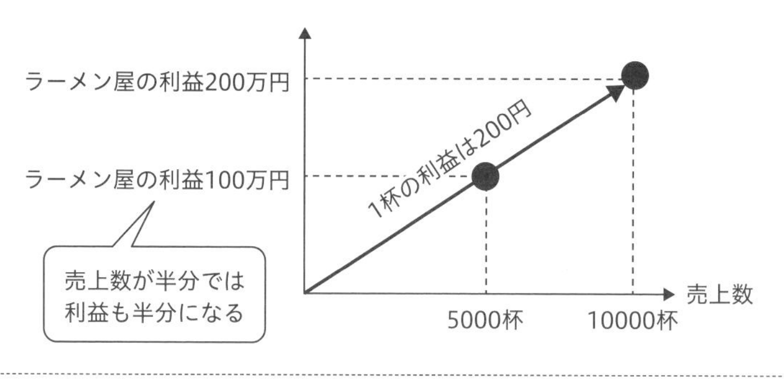

図 2-3 ▶ 全部原価計算での利益計算

ステップ4　売上が半分だった時の直接原価計算での利益

直接原価計算では、ラーメンが予定の半分しか売れなかったら、限界利益も半分になる。

固定費は500万円のままなので、ラーメン屋の年間利益は▲150万円の赤字になる（図2-4）。

直接原価計算

ラーメン屋の年間利益

＝（ラーメン1杯の限界利益700円×5千杯）－固定費500万円

＝▲150万円

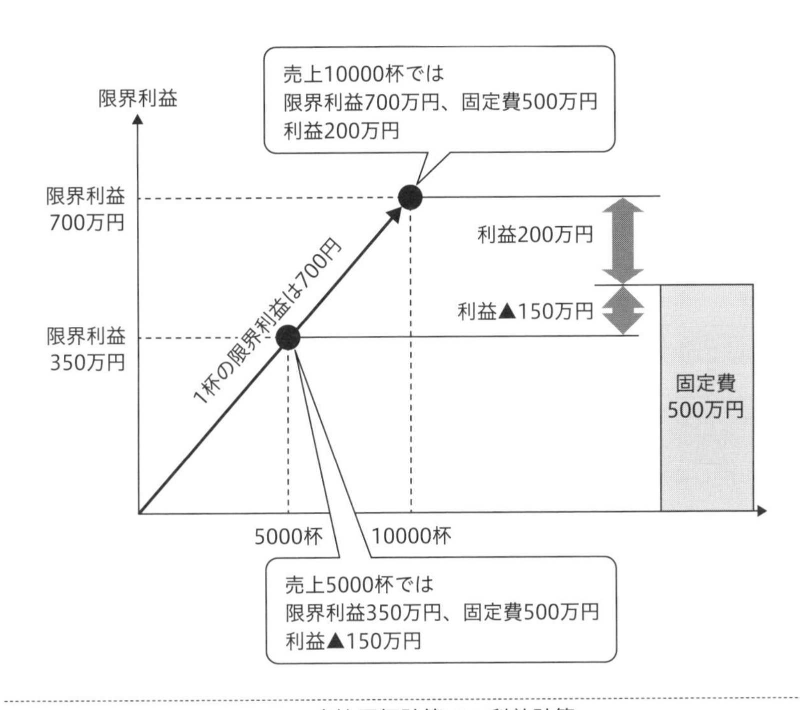

図2-4 ▶ 直接原価計算での利益計算

ステップ5 どちらの計算が正しいのか？

ラーメンが予定の半分しか売れなかったときのラーメン屋の利益は、全部原価計算では＋ 100 万円、直接原価計算では▲ 150 万円。両社の利益には大きな差がある。

どちらが正しいのだろうか？

実は、全部原価計算で使った「ラーメン 1 杯当たりの固定費 500 円」はラーメンが 1 年間に 1 万杯売れるのを前提にして「ラーメン屋の年間固定費 500 万円」を 1 万杯で割った結果。

しかし、実際にはラーメンは 5 千杯しか売れなかった。それを使って全部原価計算を始めからやり直すと、ラーメン 1 杯の固定費は 1000 円、1 杯の利益は▲ 300 円の赤字、ラーメン屋の年間利益も▲ 150 万円の赤字になる。これは直接原価計算の結果「▲ 150 万円の赤字」と一致する。

つまり、全部原価計算では、売上数が計画から変わったら、製品の原価と利益の計算をやり直す必要がある。

正しい全部原価計算

ラーメン 1 杯の利益

＝売価 1000 円－材料費 300 円－1 杯当たりの固定費 1000 円

＝▲300 円

ラーメン屋の年間利益

＝ラーメン 1 杯の利益▲ 300 円×5 千杯

＝▲150 万円

ポイント 29 決算書を見ても全てが手遅れ

年末に決算書を見ると、ラーメン屋の社長は「1 杯が赤字▲300 円なら、はじめから売らなければよかった！」と思うかもしれない。

しかし、それは「結果論」。

ラーメン屋は 1 万杯売ったら「1 杯が＋200 円の利益が出る」という想定で 1 年間頑張った。しかし、1 年間頑張っても 5 千杯しか売れなかった。

その結果、年末に決算書を見たら 1 杯が赤字▲300 円、ラーメン屋は▲150 万円の赤字になっていた（図 2-5）。

しかし、仮に計画通りに 1 万杯売れていれば、1 杯 200 円の黒字で、なんの問題もなかった。

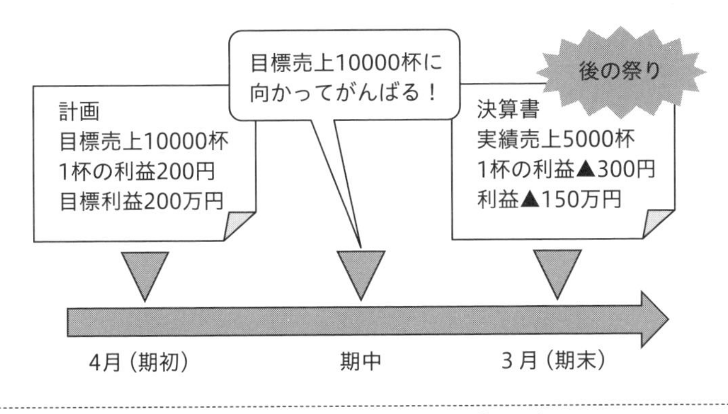

図 2-5 ▶ 決算書を見てからでは「後の祭り」

決算書に使われている全部原価計算は、1 年間は予定売上数で計算した製品利益で経営し、年末に実績売上数がわかったら、「1 年間に売った全ての製品の原価と利益を修正する」という仕組みになっている。

とんでもない仕組みである！

ポイント 30 直接原価計算で途中経過がわかる

直接原価計算では、例えばラーメンの販売開始から半年たった9月時点で、半年分の売上が2,500杯という数字が出たら、このままでは1年間の売上が5,000杯、会社は▲150万円の赤字になることがわかる（図2-6）。

したがって、9月には「メニュー変更、価格変更、材料変更」などの対策を打てる。

これが限界利益を使った経営である！

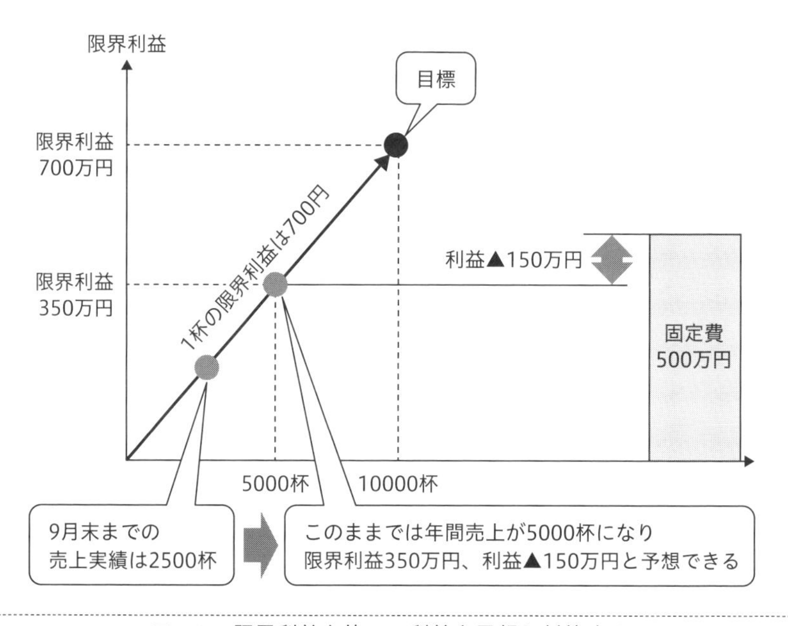

図2-6 ▶ 限界利益を使って利益を予想し対策する

まとめ 直接原価計算を使う限界利益経営のメリット

- 1年間の途中で将来の利益を予測できる
- 将来の予測ができるので、早めの対策を打てる

2-2 「目標限界利益」だけを目指したシンプル経営を行う

限界利益を使うと、企業経営者は「限界利益が固定費を超える」というシンプルで明快な経営指標で経営ができる。

ポイント31 限界利益の最大のメリットは「シンプル経営」

限界利益を使うと、経営者（パイロット）は、固定費（人材・設備）というエンジンを使って、目標限界利益という目的地に向かって会社を操縦できる（図 2-7）。

経営目標は目標限界利益の達成

・目標限界利益 ＝ 固定費 ＋ 目標利益

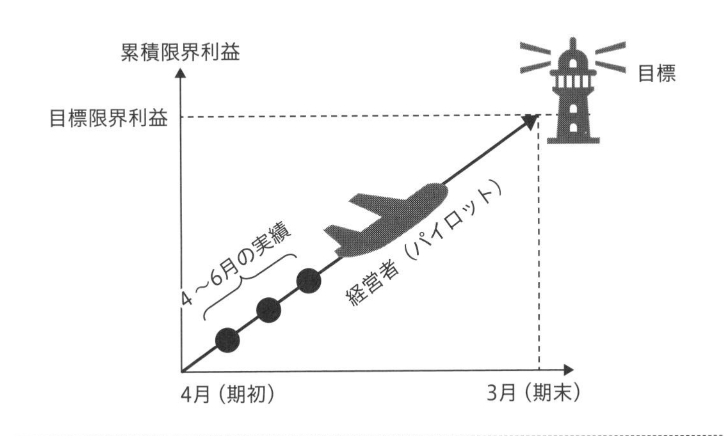

図 2-7 ▶ 限界利益図

ポイント 32 限界利益分析で経営状態を毎月把握する

ほとんどの企業は決算書は1年に1回しか作らず、そんな会社では経営状態も1年に1回しかわからない。たとえ月次決算を行っても「製品別の利益」までは分析しないので、経営戦略には使えない。

それに対して「限界利益分析」では、年末に作る決算書を待たずに、期中に「限界利益が計画通り積み上がっているか」をチェックして、経営状態を診断できる（図2-8）。

期中に「売上数未達、材料価格高騰」などで累積限界利益（限界利益の積み上げ高）が目標ラインから外れていれば「新市場開拓、製品価格見直し、新製品投入、コストダウン」などの対策を期末を待たずに実行できる。

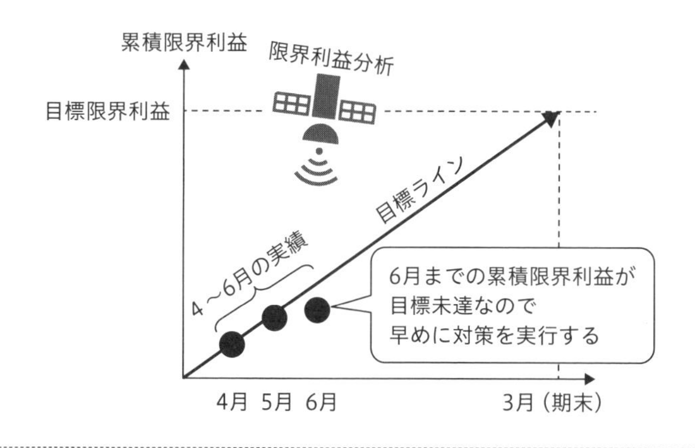

図2-8 ▶ 月別限界利益図

ポイント 33 限界利益分析で経営状態を多角的に見る

限界利益を使った経営分析では、限界利益を月別だけでなく様々な視点で見て、**経営状態を俯瞰できる**（図 2-9）。（詳しくは第 3 章 -1）

・限界利益を見る視点
製品、工場、事業、市場、取引先、年月など

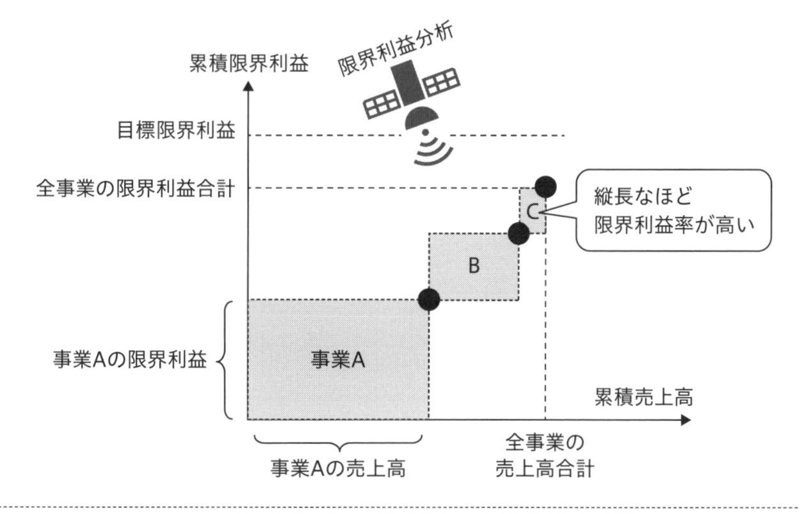

図 2-9 ▶ 事業別の限界利益分析で経営状態を俯瞰

限界利益分析では固定費を期間原価としてとらえる

限界利益計算では、全ての固定費を「その年の固定費」として扱うので、1年を通して同じ目標（目標限界利益）で経営ができる。

それに比べて、全部原価計算を使う決算書では、在庫生産すると固定費の一部が「在庫品のコスト」となって次年度に回るので、今年の分の固定費が減ってしまう（図2-10）。つまり、在庫生産でゴールポストが動いてしまう。そのため、決算書は経営戦略作りには使えない。

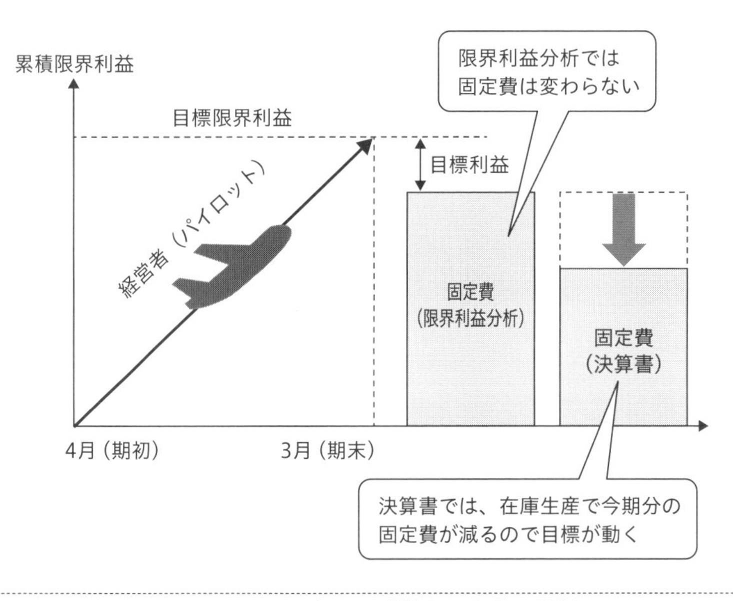

図2-10 ▶ 目標限界利益と固定費の関係

2-3 「手間賃経営」から「付加価値経営」へ脱却する

「付加価値経営」では、製品を「付加価値に見合った適正価格」で売るので、高い限界利益を得ることができる。

ポイント35 付加価値経営では目標限界利益率を使って見積価格を決める

見積価格は「目標限界利益率」を使って決める。(目標限界利益率の決め方は第4章-1参照)

付加価値経営での見積価格の決め方

・見積価格＝材料費÷(1－目標限界利益率)

「材料費＋加工費＋希望利益」で計算する手間賃経営に対して、「目標限界利益率」を使った見積では「価格の設定幅（自由度)」が大きくなり、**戦略的な価格設定**が可能になる（図2-11)。

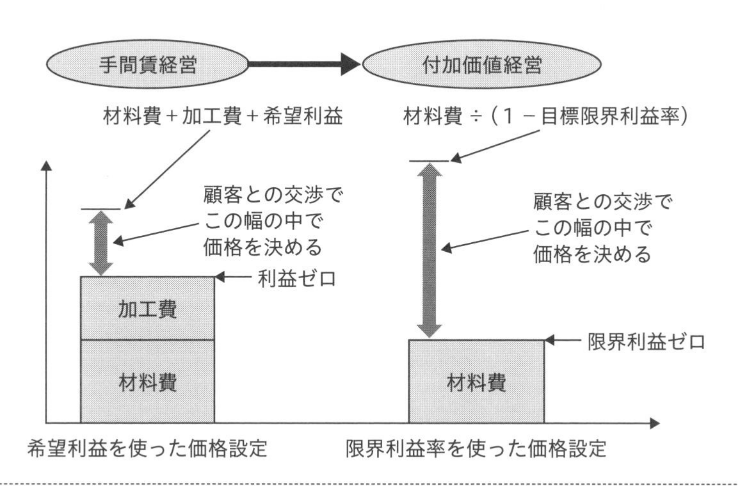

図2-11 ▶ 限界利益率を使った価格設定

ポイント 36 限界利益と付加価値は似ているが違う

限界利益と付加価値は似ているが、正確には少し意味が違う。

- 付加価値は、買ってきたものに付け加えた価値（図 2-12）
- 限界利益は、売価から変動費（材料費など）を差し引いた利益（図 2-13）

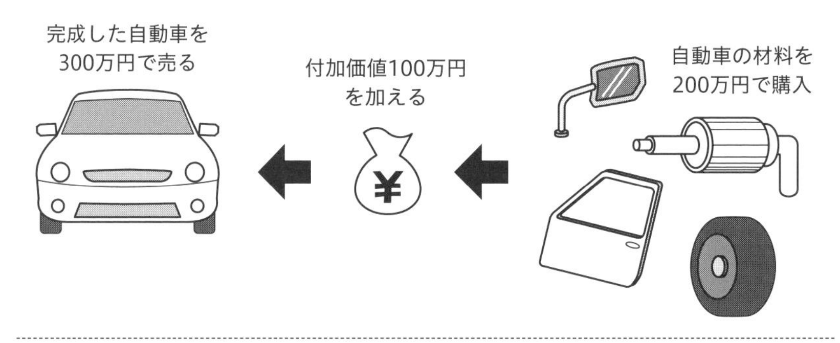

図 2-12 ▶ 付加価値とは

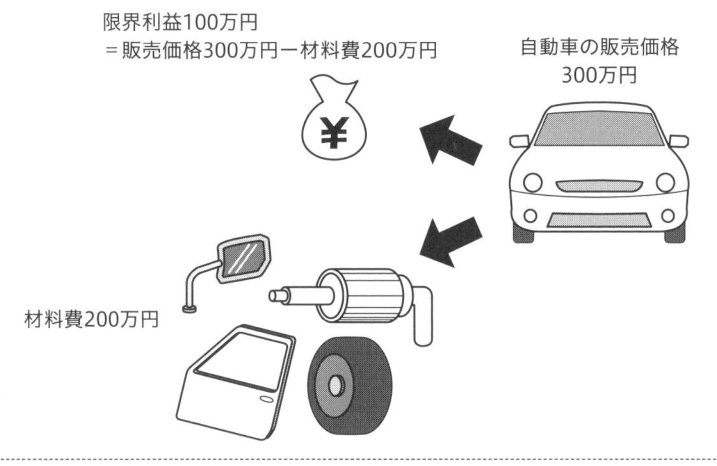

図 2-13 ▶ 限界利益とは

しかし、製造業では主な変動費は材料費で、主な購入費も材料費。したがって、大雑把に考えると、限界利益と付加価値は同じになる。

経理畑の方は、この「大雑把」という言葉に抵抗があるかもしれないが、限界利益分析は「**有効な経営戦略を迅速に実行する**」のが目的。そこで使う数字は「戦略ミスがないなら、大雑把でもよい」と割り切る（図2-14）。

つまり、**限界利益分析は緻密さよりもスピードを重視する**。

限界利益分析では、決算書作成で行うような「費用毎の固定費と変動費の分類や１円単位の数字合わせ」に血道を上げる必要はない。

そんな時間があったら「新しい戦略」を考えるのが限界利益分析の本質。

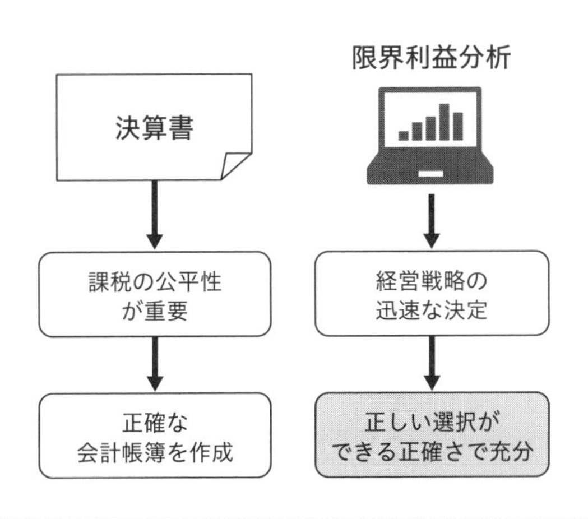

図 2-14 ▶ 決算書と限界利益分析の数字の正確さの違い

ポイント 37 付加価値の源泉は差別化

製造業にとって、付加価値の源泉は差別化（図 2-15）。

主な差別化戦略の例

① 高機能：高強度コンクリート、高精度工作機械
② 高品質：故障しにくい機械設備、走行距離が長い電気自動車
③ デザイン：モダンな家具、おしゃれな家電
④ サービス：設備の取付サービス、出張修理サービス
⑤ カスタマイズ：オーダーメイドパソコン、工場の専用設備
⑥ 短納期：自動車部品、家電部品
⑦ 小ロット対応：オリジナル家具、試作品
⑧ 新技術：自動運転の自動車、AI 家電
⑨ 安全性：自動車、航空機、食品

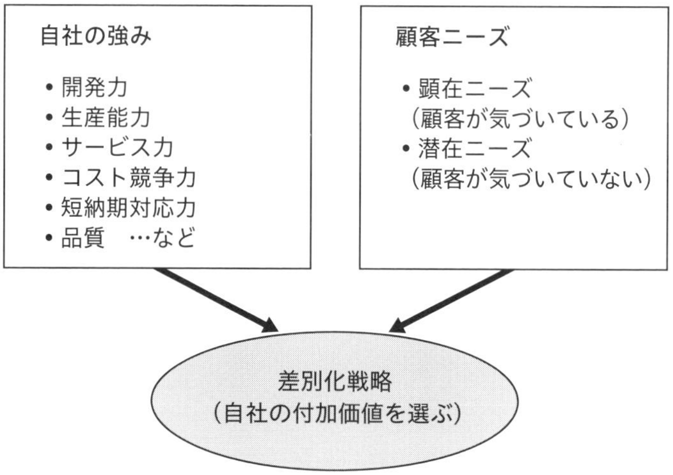

図 2-15 ▶ 自社の強みと顧客のニーズから、差別化戦略を決める

ポイント 38 限界利益分析で使う付加価値の計算方法は「控除法」

世の中で使われている「付加価値（限界利益）の計算方法」には２種類ある。限界利益分析で使うのは「控除法」、多くの金融機関が使うのは「積上法」。

◆ 控除法

付加価値は「自社の売上高から外部企業から買ってきた材料費などを差し引いたもの」という考えで計算する。

> **控除法での付加価値**
> ＝売上高－外部企業からの購入費

◆ 積上法

付加価値は「企業が外部企業から買ってきた材料に対して付け加えた価値」という考え方で計算する。

> **積上法での付加価値**
> ＝経常利益＋人件費＋減価償却費＋支払利息＋税金　など

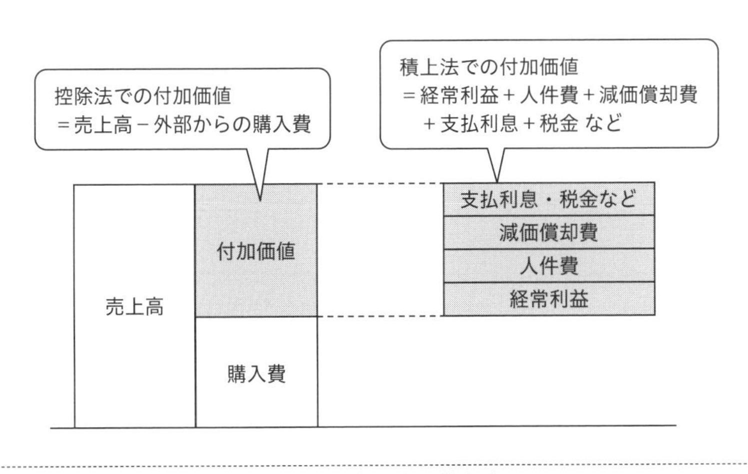

図 2-16 ▶ 控除法と積上法

金融機関は「積上法」で付加価値を計算することが多い。その理由は、決算書を使って簡単に計算できるから。

ただし、「積上法」には、以下の２つの**致命的な欠点**がある。そのため、経営戦略作りには「控除法」しか使えない。

まとめ　積上法の欠点

◆ **決算書ができるまで付加価値がわからない**

積上法では「決算書に書かれている数字」を使って付加価値を計算するので、当然ながら決算書が完成する期末まで「付加価値の集計」はできない。

そのため、金融機関が期末に会社を評価するには使えるが、経営者が期中に「経営戦略」を練ることには使えない。

◆ **製品毎の付加価値は計算できない**

積上げ法の計算では、会社の支払利息や税金といった「製品別には簡単に分解できない費用」も使うので「製品毎の付加価値計算」はできない。

無理やり使おうとすると、製品の売価や加工時間に比例して割り付けるといった「各製品への恣意的な割り付け」が必要になる。したがって、経営者が期中に「製品戦略」を練ることには使えない。

2-4 生産性アップで「企業の限界利益」を増やす

生産性とは「作業者が限界利益を生み出すスピード」のこと。したがって、生産性アップは企業の限界利益アップに直結する。

ポイント39 生産性アップは企業の限界利益アップに直結する

生産性の定義は様々だが、製造業でもっとも使われているのは「**人時（にんじ）生産性**」。

これは「1人の作業者が1時間働いたときに、どのくらいの付加価値を生み出すか」という指標。言い換えると「**作業者が付加価値を生み出すスピード**」のこと。

付加価値と限界利益は計算結果は同じなので、生産性は「作業者が限界利益を生み出すスピード」とも言える。したがって、**生産性アップは企業の限界利益アップに直結する**。

> **生産性**
> ＝会社が1年に生み出す限界利益÷（作業者数×1人の年間労働時間）

たとえば、社員が10人、1人の年間労働時間が2,000時間、会社の年間限界利益が1億円では、生産性は5,000円／人時間になる。

> **生産性**
> ＝1億円÷（10人×2000時間）
> ＝5,000円／人時間

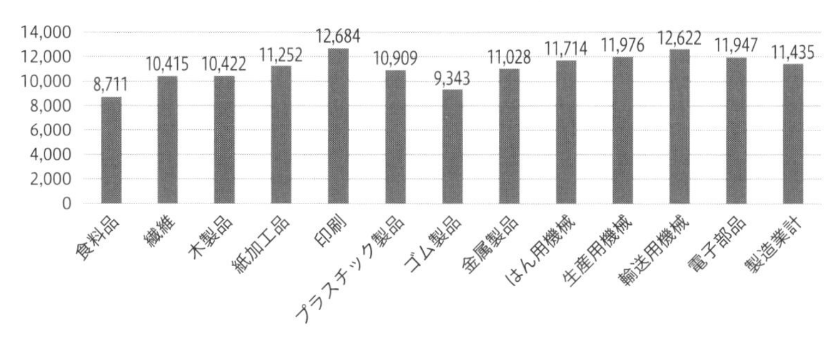

〔出典：政府統計e-Statのデータから集計〕

図 2-17 ▶ 業種別の生産性（参考図）

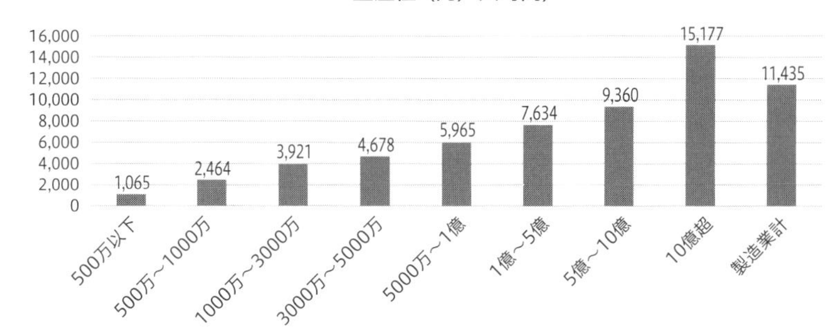

〔出典：政府統計e-Statのデータから集計〕

図 2-18 ▶ 会社の規模別の生産性（参考図）

2-5 8ステップで「限界利益分析」を始める

限界利益分析を始めるのに必要なデータは、ほとんどが決算書を作るときのデータの中にあるので、限界利益分析はエクセルなどの表計算ソフトを使ってすぐに始めることができる。

ポイント40 限界利益分析の流れをしっかり理解する

限界利益分析を始めるには、まずは前年度データから「前年度の限界利益図」を作り、それをもとに「今年度の目標限界利益図」を作る。

次に「今年度の限界利益管理図」を作り、「今月までの目標限界利益」が未達成なら対策案を作る。最後に、限界利益管理図上でその効果をシミュレーションし、最適な対策を実行する。

この流れをまとめると以下の８ステップになる（図 2-19）。

まとめ 限界利益分析の流れ

① 費用を変動費と固定費に分ける
② 前年度の製品別の売価と売上数を集計する
③ 前年度の製品別の変動費（材料費）を集計する
④ 前年度の固定費（労務費、経費など）を決算書から集計する
⑤ 前年度の限界利益図を作る
⑥ 今年度の目標限界利益図を作る
⑦ 今年度の限界利益管理図を作る
⑧ 目標未達なら対策案の効果をシミュレーションして実行する

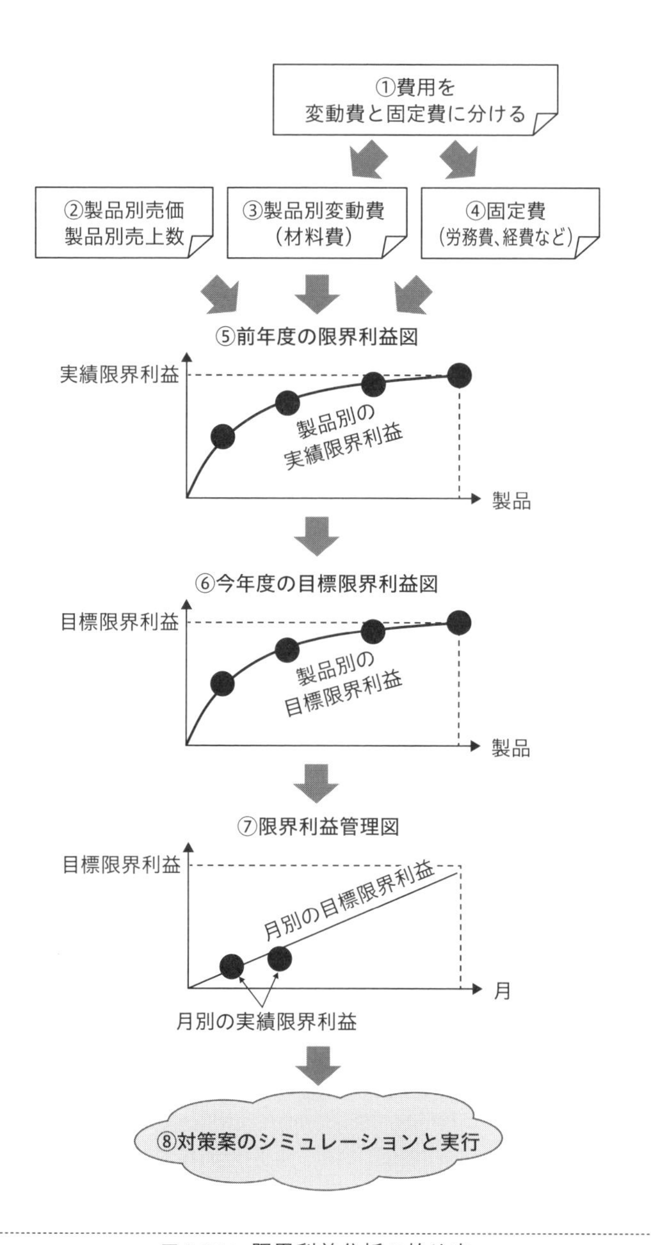

図 2-19 ▶ 限界利益分析の始め方

ステップ1　70%ルールで変動費と固定費を分ける

製造業の平均では、製造原価中の「材料費」は56%、「労務費」は16%。その２つで製造原価の72%を占める。その他の「外注費、減価償却費、水道光熱費、運賃、消耗品費など」は合計しても28%しかない（図2-20）。

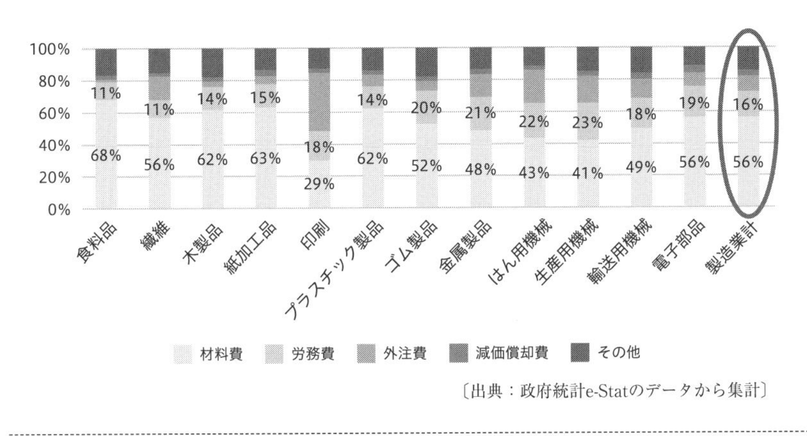

〔出典：政府統計e-Statのデータから集計〕

図2-20 ▶ 業種別の費用比率

この28%を固定費と変動費に分けるのに、手間をかける企業も多い。

しかし、限界利益分析などの管理会計では「戦略ミスが起きない範囲の誤差は許容して、迅速な決定を行う」のが鉄則。

製造原価全体の70%についてだけを固定費と変動費に分解し、残りは全て固定費と割り切る。ほとんどの企業は「**材料費だけを変動費にして、材料費以外は全て固定費**」で充分。

ステップ2 前年度の製品別の売価と売上数を集計する

製品別の売価と売上数は「売上台帳」などにある。

ここでよく起きる疑問は、同じ製品でも「販売先や販売時期」によって価格が違うケースだ。そんな場合は、同じ製品の中でも「最も販売数が多かった価格」や標準価格（予定価格）を使う（表2-1）。

「最も販売数が多かった価格」を使うと「平均値との間の誤差」を気にする人もいるが、管理会計は、多少の誤差は気にせずに計算を単純化し、決断を早く行わないと、経営の役に立たなくなる。

表2-1 ▶「最も販売数が多かった価格」を製品売価とする

製品Aの売価データ

販売日	単価	数量
1月10日	100	10
2月10日	120	5
3月10日	110	100
4月10日	100	30
5月10日	100	20
平均		106.7

限界利益分析では最も販売数が多かった価格で充分

ステップ3　前年度の製品別の材料費を集計する

複数の部品を使って製品を生産する「機械の組立工場」などでは、設計段階に「**部品構成表（BOM）**」を作っている企業が多い。ＢＯＭからは「製品の材料費（部品費）」を簡単に集計できる（表 2-2）。

各部品の単価は年度の初めに決めた標準単価（予定単価）で充分。

表 2-2 ▶ BOM から製品の部品費を集計する

製品 A の BOM

レベル	名称	数量	部品単価	部品費	加工費	原価合計
1	A	1		0	2,000	2,000
2	B	1		0	1,000	1,000
3	C	2	1,000	2,000		2,000
3	D	2	2,000	4,000		4,000
2	E	1		0	4,000	4,000
3	F	5	500	2,500		2,500
3	G	5	600	3,000		3,000
	合計			11,500	7,000	18,500

製品 A の部品費

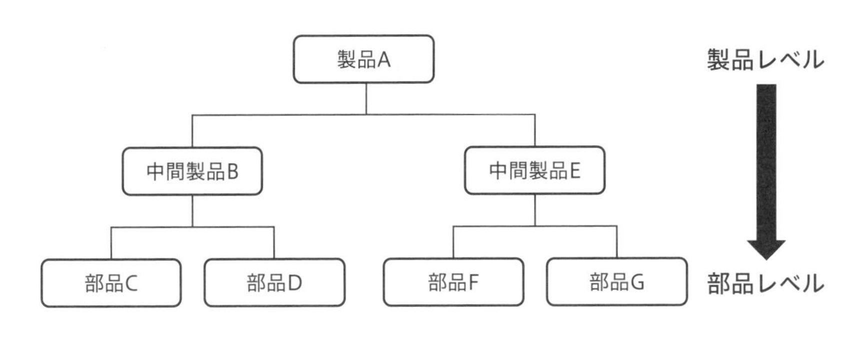

図 2-21 ▶ BOM の構造

ステップ4 前年度の固定費を集計する

前年度の固定費は、前年度の決算書の「製造原価報告書と損益計算書」のデータから集計する（表 2-3）。

表 2-3 ▶ 前年度の固定費

製造原価報告書 （千円）

材料費	12,000
労務費	30,000
製造経費	9,000
当期製造費用	51,000
期首仕掛品棚卸高	1,000
計	52,000
期末仕掛品棚卸高	10,000
当期製品製造原価	42,000

損益計算書 （千円）

売上高	45,000
売上原価	42,000
販売管理費	1,000
営業利益	2,000
:	:

固定費
＝労務費＋製造経費＋販売管理費

当期製品製造原価は、当期に発生した製造費用から「在庫品として次期に回した費用」を差し引いたものなので、これは使わない

ステップ 5 前年度の限界利益図を作る

以下のデータから、前年度の限界利益図（製品別）を作る（図 2-22）。

・製品別の売価
・製品別の材料費
・製品別の売上数
・固定費内訳

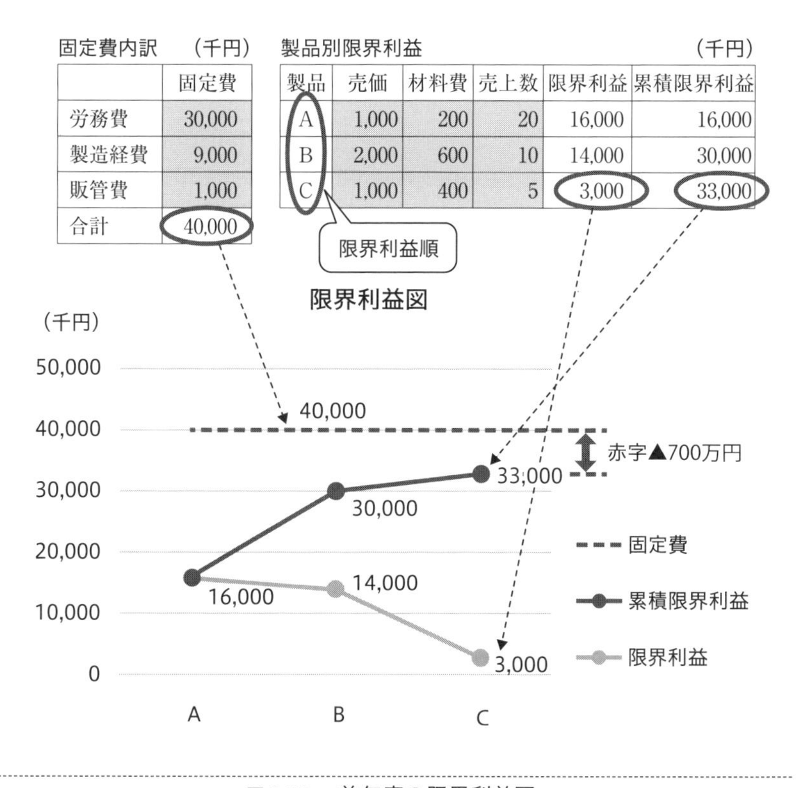

固定費内訳 （千円）

	固定費
労務費	30,000
製造経費	9,000
販管費	1,000
合計	40,000

製品別限界利益 （千円）

製品	売価	材料費	売上数	限界利益	累積限界利益
A	1,000	200	20	16,000	16,000
B	2,000	600	10	14,000	30,000
C	1,000	400	5	3,000	33,000

図 2-22 ▶ 前年度の限界利益図

ステップ6　今年度の目標限界利益図を作る

今年度の製品別の目標売価、目標売上数、目標材料費、固定費予算をもとに、今年度の目標限界利益図（製品別）を作る。

図 2-23 の例は、今年度は、前年度実績に対して「限界利益 1500 万円を稼ぐ新製品」を投入して、前年度の赤字▲ 700 万円を黒字 800 万円にする目標限界利益図。

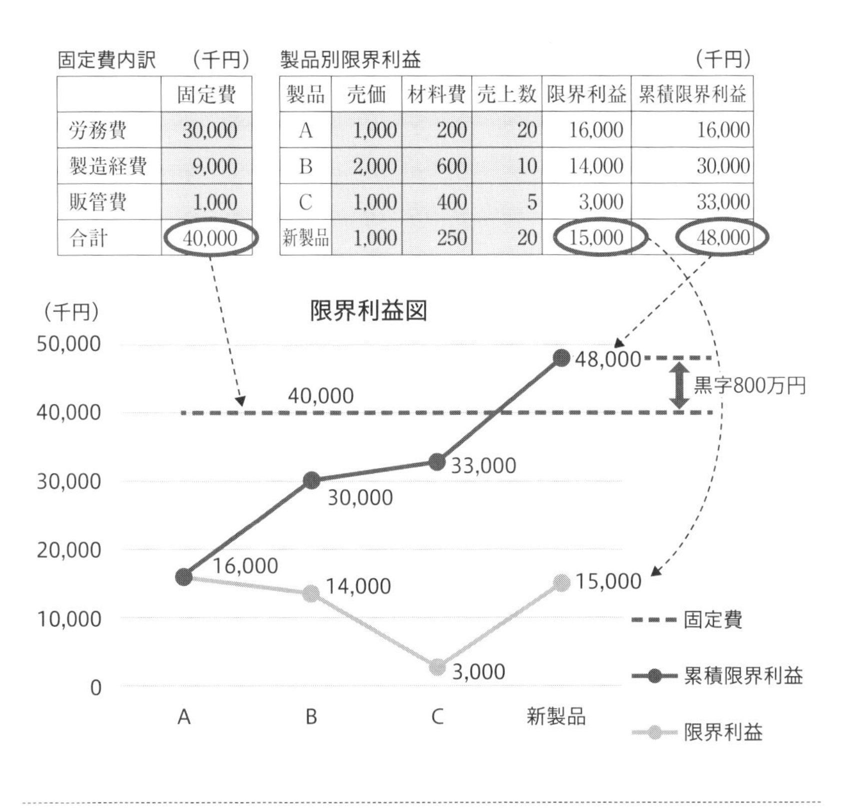

固定費内訳　（千円）

	固定費
労務費	30,000
製造経費	9,000
販管費	1,000
合計	40,000

製品別限界利益　（千円）

製品	売価	材料費	売上数	限界利益	累積限界利益
A	1,000	200	20	16,000	16,000
B	2,000	600	10	14,000	30,000
C	1,000	400	5	3,000	33,000
新製品	1,000	250	20	15,000	48,000

図 2-23 ▶ 今年度の限界利益図

ステップ7　今月までの限界利益管理図を作る

今年度が始まったら、1 か月ごとに全製品の限界利益を集計し、今月までの目標限界利益と比較する。図 2-24 の例では、10 月までの目標の累積限界利益 2300 万円に対して、実績は 1300 万円なので、1000 万円未達になっている（図 2-24）。

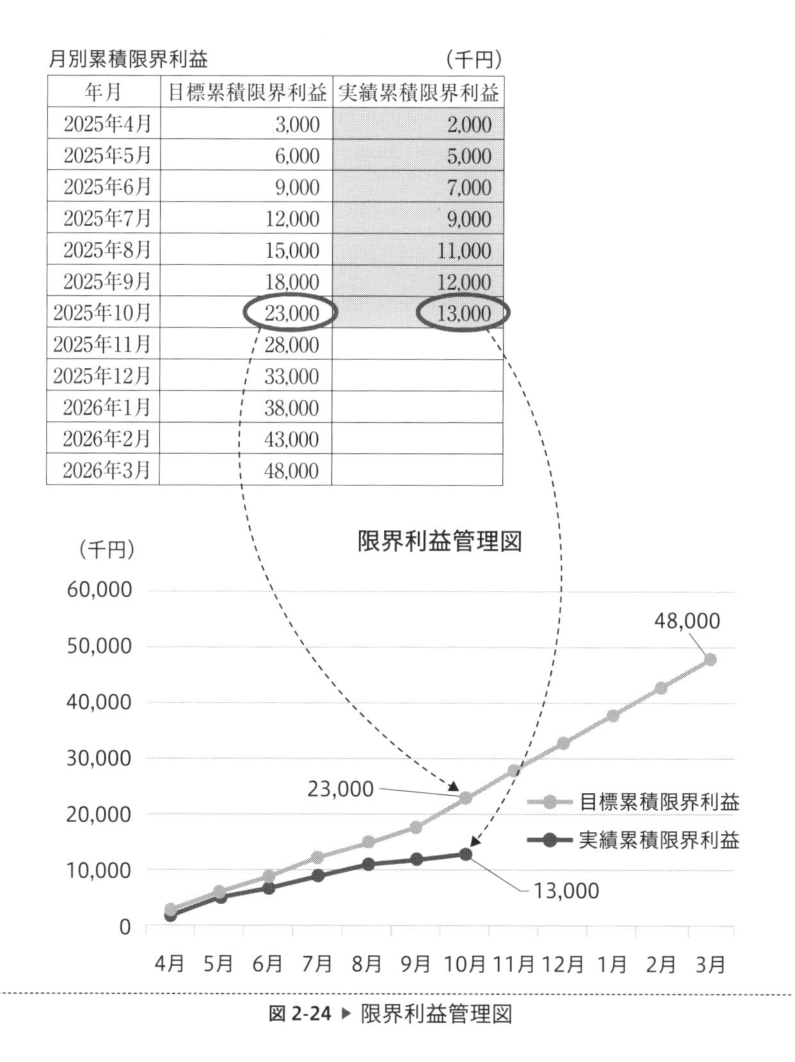

月別累積限界利益　（千円）

年月	目標累積限界利益	実績累積限界利益
2025年4月	3,000	2,000
2025年5月	6,000	5,000
2025年6月	9,000	7,000
2025年7月	12,000	9,000
2025年8月	15,000	11,000
2025年9月	18,000	12,000
2025年10月	23,000	13,000
2025年11月	28,000	
2025年12月	33,000	
2026年1月	38,000	
2026年2月	43,000	
2026年3月	48,000	

図 2-24 ▶ 限界利益管理図

ステップ8　経営戦略のシミュレーションと実行

限界利益管理図で目標未達が見つかったら、経営戦略案を作る。

その効果を限界利益図上でシミュレーションし（図2-25）、最適な戦略を選んで実行する。

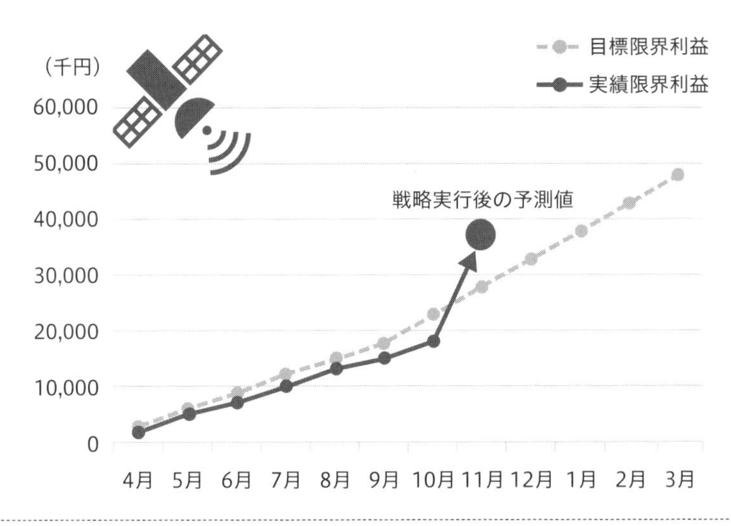

図2-25 ▶ 限界利益図上での効果のシミュレーション

第3章

限界利益を使って経営する

実践編

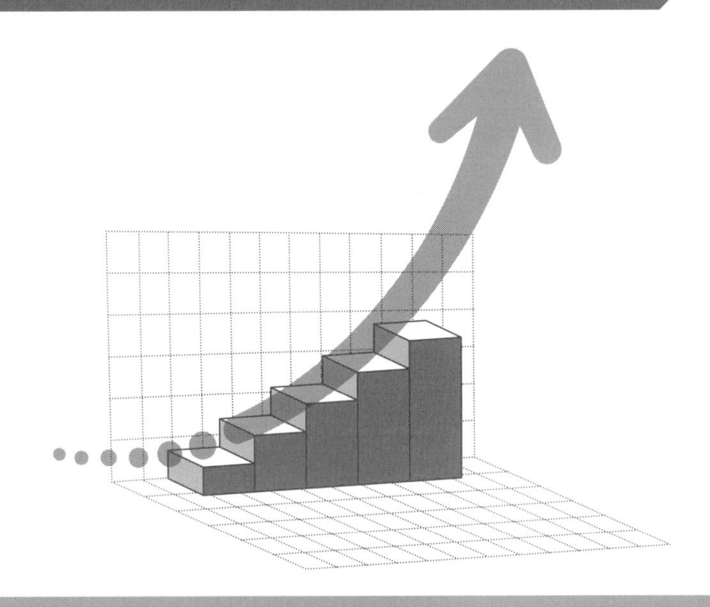

3-1 決算書は税務申告、限界利益分析は経営戦略

決算書と限界利益分析の決定的な違いは「その目的」。決算書は税務申告、限界利益分析は経営戦略作りと、目的は全く違う。

限界利益分析の目的は経営目標の達成

決算書を作る最大の目的は「税務署への税務申告」。そのため、日本の中小製造業の73%は、決算書作成を税理士に任せている（第1章-1参照）。

それに対して、限界利益分析は、製品ごとに損益を計算して経営戦略を作る。つまり、**限界利益分析の目的は「税務申告」ではなく「経営戦略実行による経営目標達成」**（図3-1）。

したがって、限界利益分析を行う中心は税理士や会計士ではなく、経営者や社員自身になる。

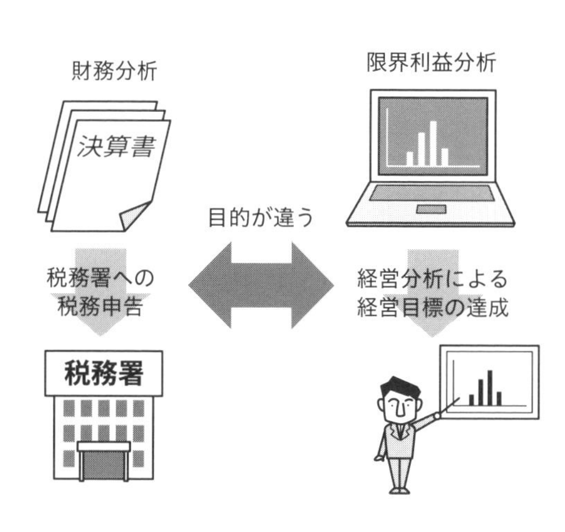

図3-1 ▶ 財務分析と限界利益分析の目的の違い

ポイント 42 決算書提出は義務、限界利益分析は企業の勝手

会社法では、すべての会社に対して「決算書」の作成が義務付けられているので、決算書はどんなに面倒でも作らざるを得ない。

仮に決算書を提出しないと、本来納めるべき税金の上に 15 ～ 20%上乗せして払う羽目になる（無申告加算税）。

それに対して、**限界利益分析をやるかどうかは、企業の勝手**。

やらなくても法的なペナルティはない。ただし、限界利益分析は自社の経営目標達成のために行うので、**やらないで経営が悪化すれば、それが実質的なペナルティになる**（図 3-2）。

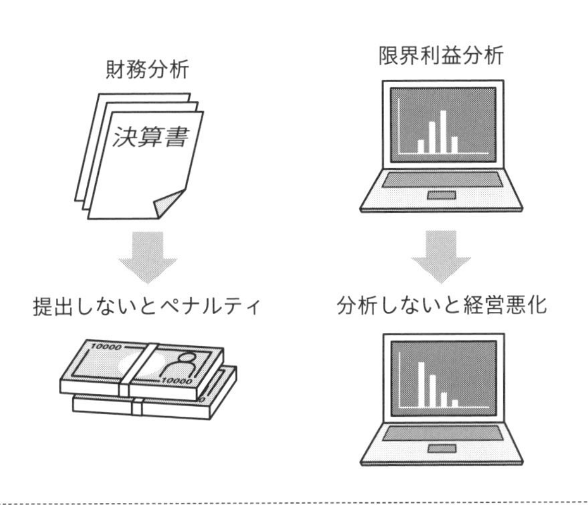

図 3-2 ▶ 決算書と限界利益分析のペナルティの違い

決算書はどんな企業も計算方法は同じ

仮に企業によって決算書の計算方法が違うとどうなるだろうか？

A社：会社の利益は売上高から材料費と人件費を差し引いて計算

利益

＝売上100万円－材料費50万円－人件費30万円

＝利益20万円

税金

＝利益20万円×税率30%

＝ 6万円

B社：会社の利益は売上高から材料費だけを差し引いて計算

利益

＝売上100万円－材料費50万円

＝利益50万円

税金

＝利益50万円×税率30%

＝ 15万円

このように会社によって決算書の計算方法が違うと「課税の公平性」が失われる。また、金融機関から借金をする場合は、B社の方が経営状態は良く見えるので、融資を受けやすくなる。

こんな状態にならないように、どの企業も「**企業会計原則**」に基づいて決算書を作ることが求められている。そこに書かれているルールが「**全部原価計算**」という製品原価の計算ルール。

ポイント44 使う部門や使う目的で限界利益分析の分析軸を使い分ける

限界利益分析などの管理会計の目的は、経営目標の達成で、分析結果を社外に公開する義務はない。これは「**管理会計は経営の役に立てば、どんな計算をしようが企業の勝手**」ということ。

そのため、限界利益分析では、使う部門や使う目的で様々な分析軸を使い分ける。

まとめ 限界利益分析での様々な分析軸

①　製品：
製品別、製品群別の収益性評価

②　工場：
工場別、生産ライン別の収益性評価

③　事業：
事業別の収益性評価

④　市場：
市場別の収益性評価

⑤　取引先：
取引先別、販売チャンネル別の収益性評価

⑥　年月：
月別、四半期別の収益性評価

限界利益分析で使うグラフを目的によって使い分ける

限界利益分析で使う主なグラフは、以下の5種類。ひとつのグラフに「累積限界利益、限界利益、限界利益率」をミックスして使うこともできる。

累積限界利益図：限界利益、固定費、営業利益の関係が明らかになる

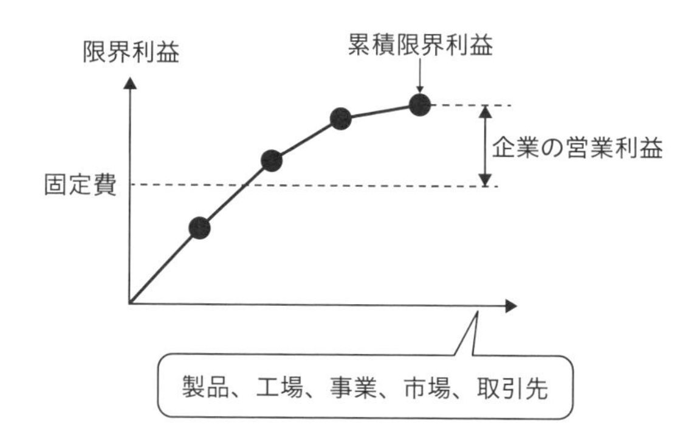

限界利益図：どれが限界利益を多く稼いでいるかが明らかになる

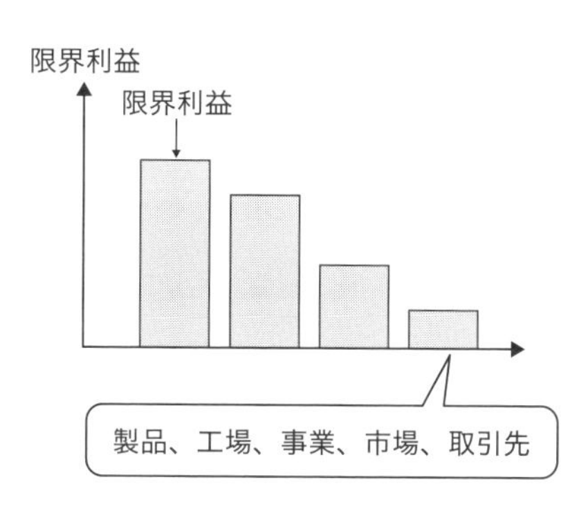

限界利益管理図：今月まで稼いだ限界利益が計画通りかを確認できる

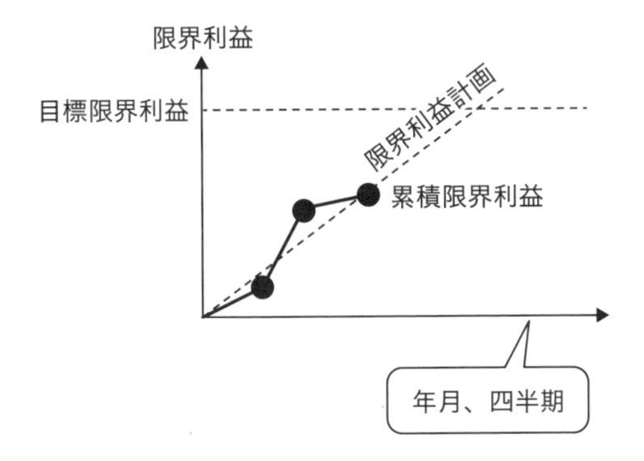

限界利益率図：どの限界利益率が高いかが明らかになる

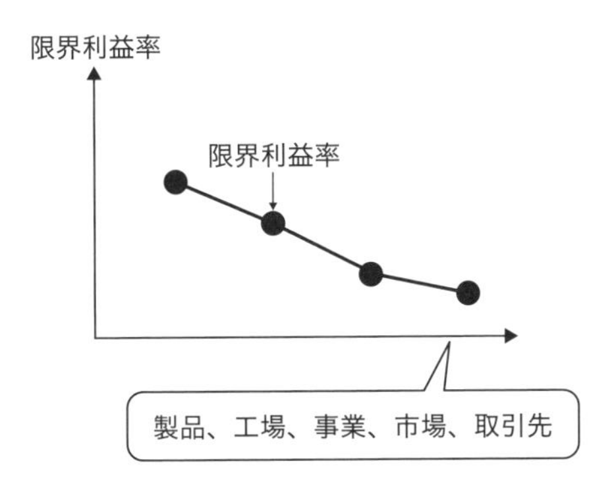

投資効果図（バリューマップ）：資金や人員の投資効果が明らかになる

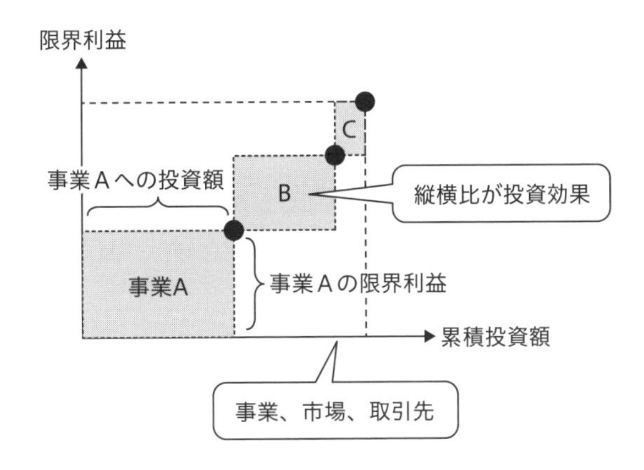

ポイント46 損益分岐点分析と限界利益分析の違いを理解する

決算書を使った経営分析には「損益分岐点分析」があるが、「企業全体の売上と費用」を使う分析なので、商品戦略などに使うことはできない。

それに対して限界利益分析は「製品別、月別などの限界利益」を使って分析を行うので、商品戦略などに使える。

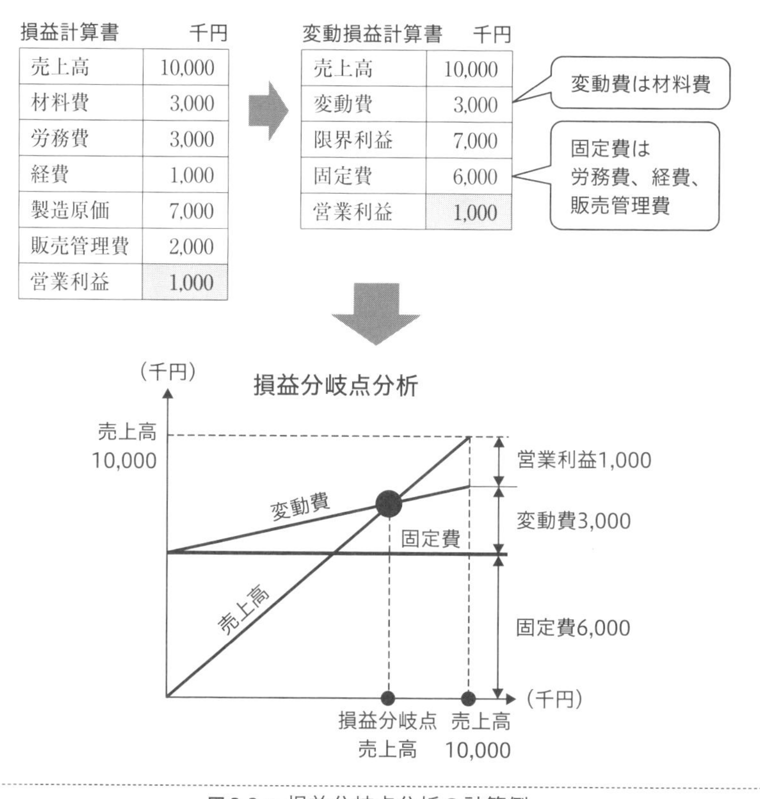

損益計算書	千円
売上高	10,000
材料費	3,000
労務費	3,000
経費	1,000
製造原価	7,000
販売管理費	2,000
営業利益	1,000

変動損益計算書	千円
売上高	10,000
変動費	3,000
限界利益	7,000
固定費	6,000
営業利益	1,000

図 3-3 ▶ 損益分岐点分析の計算例

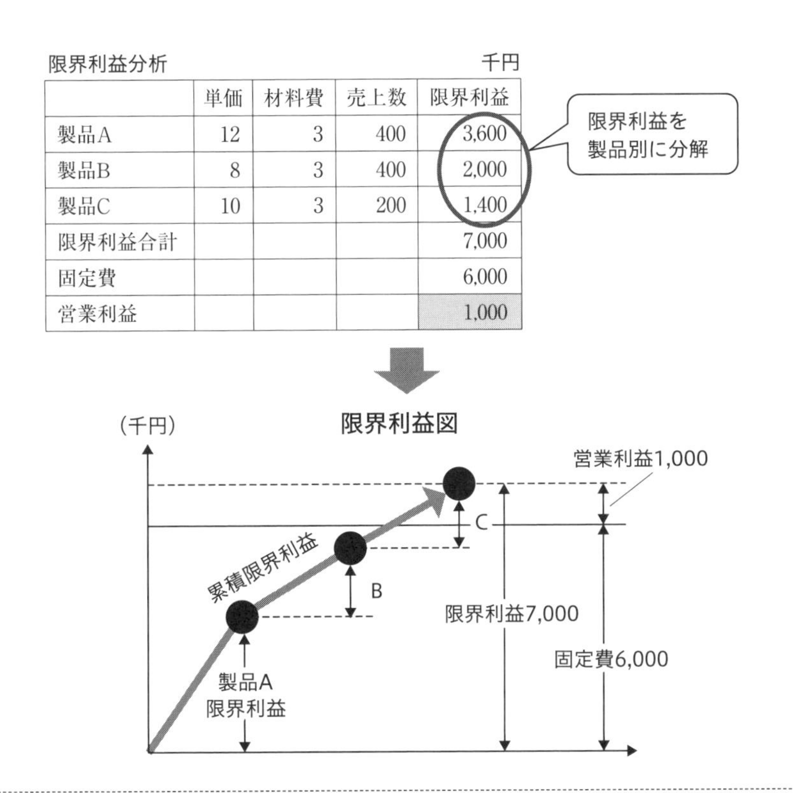

限界利益分析　千円

	単価	材料費	売上数	限界利益
製品A	12	3	400	3,600
製品B	8	3	400	2,000
製品C	10	3	200	1,400
限界利益合計				7,000
固定費				6,000
営業利益				1,000

図 3-4 ▶ 限界利益分析（製品別）の計算例

3-2 限界利益分析で使うデータは決算書の中にある

限界利益分析に踏み出せない企業の多くは「決算書の計算と限界利益分析の計算を両方行うのは大変！」と考えている。

しかし、限界利益分析で使う「製品の売価、売上数、材料費」などのデータは、全て「決算書を作るために集めるデータ」の中にある。

つまり、**限界利益分析を始めるかどうかは、経営者の決断次第ということ**。

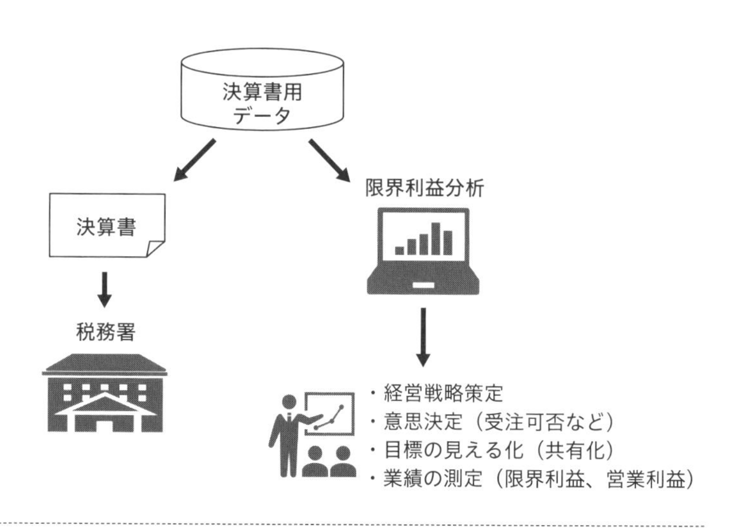

図 3-5 ▶ 限界利益分析で使うデータは決算書の中にある

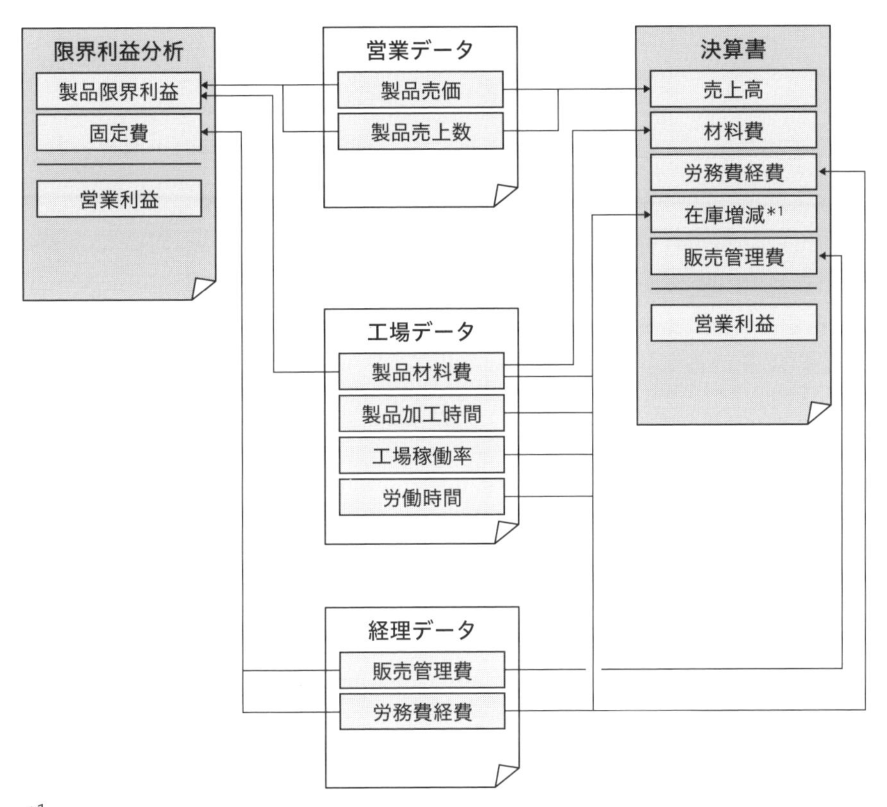

*1
在庫品の原価＝製品材料費＋（賃率×製品加工時間）
賃率＝労務費経費 ÷（労働時間×工場稼働率）

図 3-6 ▶ 営業・工場・経理データと決算書・限界利益分析の関係

3-3 3段階の限界利益目標で経営の柔軟性を高める

限界利益分析では「製品毎の限界利益の合計」が「企業の年間固定費」を超えることが、企業が赤字にならない最低目標になる。

さらに、固定費を2つに分けて、限界利益目標を3段階にすると、経営戦略の柔軟な実行が可能になる。

限界利益目標を3段階にすると経営戦略の柔軟な実行が可能になる

固定費の2つの種類

・その年にキャッシュを支払う必要がある固定費
　人件費、外注費、電気代、燃料代など

・キャッシュの支払いは不要の固定費
　機械や建物の減価償却費など

〈3段階の限界利益目標〉

① 第1段階の限界利益目標
企業がその年に**キャッシュ**で支払う固定費「人件費、外注費、電気代、燃料代など」をカバーする限界利益を目標にする。

② 第2段階の限界利益目標
キャッシュで支払う費用に加え、減価償却費などの「**キャッシュでの支払いが不要の固定費**」もカバーする限界利益を目標にする。この目標をクリアすると、企業が将来の設備投資や事業拡大に備えるための資金を確保でき、さらに、企業の営業利益は黒字になる。

③ 第3段階の限界利益目標
第2段階の目標に**目標営業利益**を加える。これをクリアすると、企業の目標営業利益を達成できる。

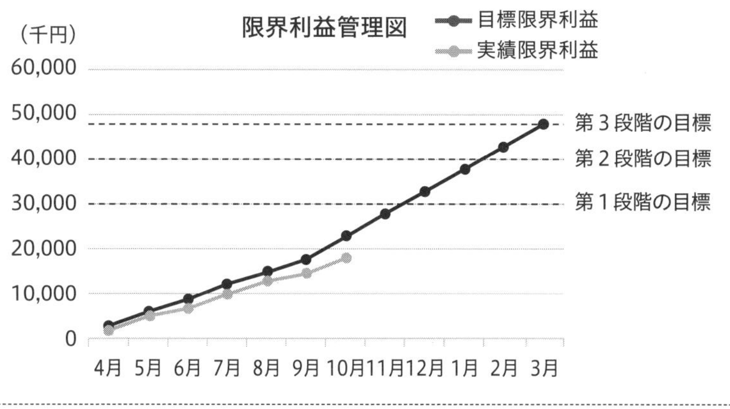

図 3-7 ▶ 限界利益目標は段階的に設定する

まとめ　3段階の限界利益目標を使った柔軟な経営戦略の例

① 第１段階（キャッシュが出る固定費）をクリア後の戦略
- 工場の作業改善
- 間接業務の改善
- 高収益商品の販売促進

② 第２段階（キャッシュが出ない固定費）をクリア後の戦略
- 新製品開発
- 生産設備の更新
- 新規顧客の開拓

③ 第３段階（目標営業利益）をクリア後の戦略
- 生産ラインの増設、新工場の建設
- 新事業進出、海外展開
- 新技術の開発、デジタル化への投資
- 人材獲得

3-4 「バリューマップ」で人員配置と投資戦略を最適化する

「バリューマップ」を使うと各事業の限界利益と生産性を俯瞰できるので、「**人員配置の見直し**」による「企業全体の生産性アップ」が可能になる。

バリューマップは、横軸は人数、縦軸は限界利益で作る。事業毎のブロックの縦横比が生産性で、縦に長いブロックほど生産性が高い。バリューマップの横軸を設備投資や開発投資といった投資額にすると、縦横比が投資効果になり、「**投資戦略の見直し**」に使える。

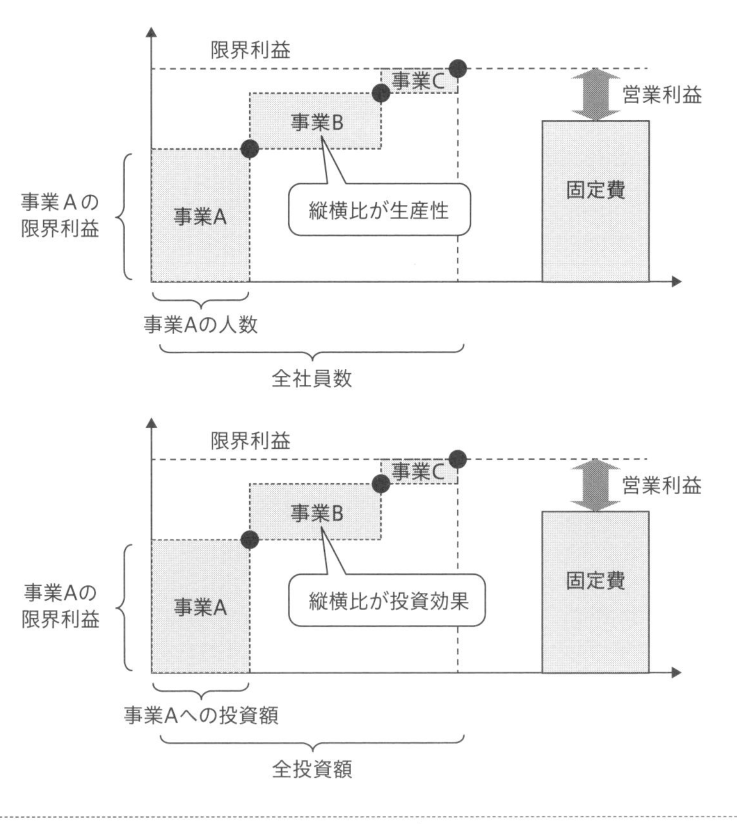

図 3-8 ▶ 限界利益を使った「バリューマップ」

バリューマップは横軸は人数や投資額、縦軸は限界利益で作る

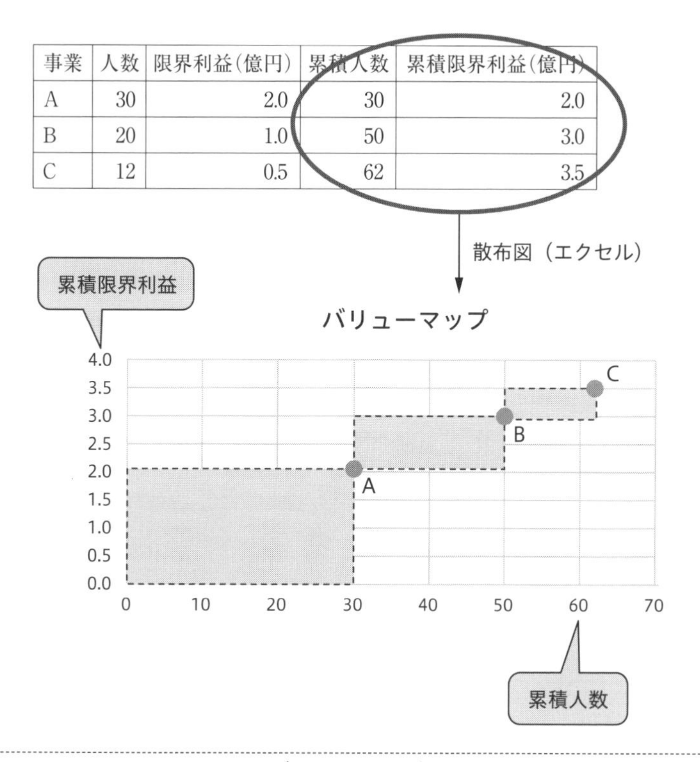

事業	人数	限界利益(億円)	累積人数	累積限界利益(億円)
A	30	2.0	30	2.0
B	20	1.0	50	3.0
C	12	0.5	62	3.5

図 3-9 ▶ バリューマップの作り方

◆ 事例：金属加工メーカーの人員再配置

金属加工メーカーのA社には製缶部門（金属板の溶接）と鋼板部門（金属板の溶断）があり、生産性は製缶部門が上回っていた。

そこで、A社では鋼板部門から製缶部門に5人異動させ、全社の営業利益を赤字の▲0.1億円から黒字の＋0.2億円に好転させた。

ただし、これができたのは、X社が3年前から進めてきた「作業者の多能工化」があったから。鋼板部門の作業者に「製缶のための溶接作業」ができなければ、作業者の配置見直しはできなかった。**先を読んでの社員教育が会社を救った。**

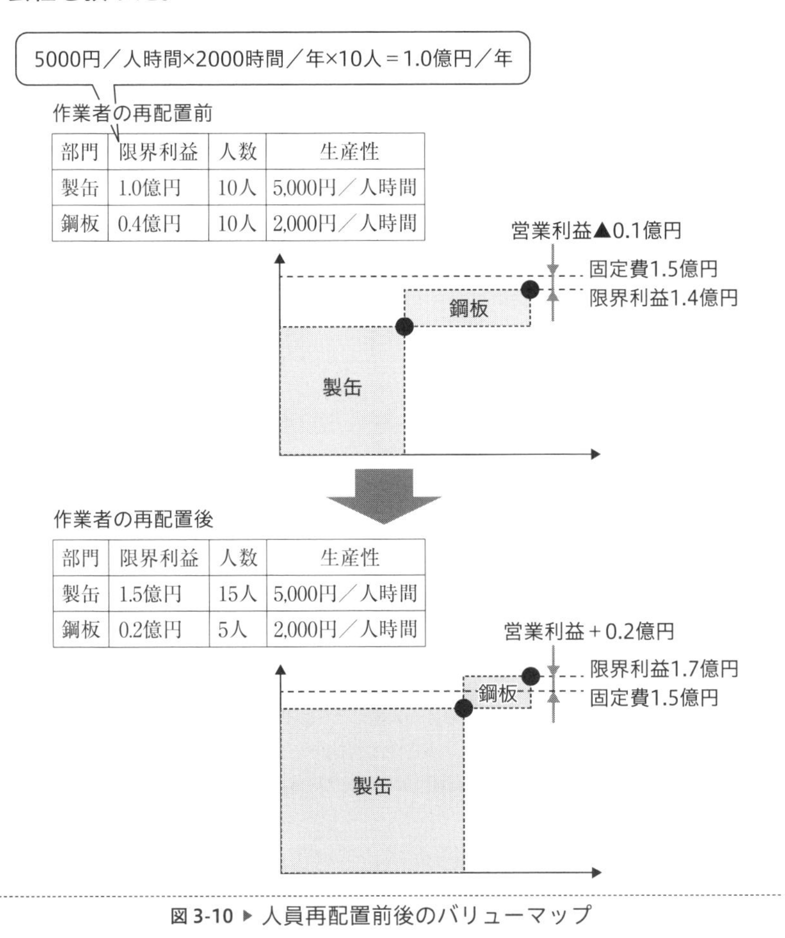

部門	限界利益	人数	生産性
製缶	1.0億円	10人	5,000円／人時間
鋼板	0.4億円	10人	2,000円／人時間

部門	限界利益	人数	生産性
製缶	1.5億円	15人	5,000円／人時間
鋼板	0.2億円	5人	2,000円／人時間

図3-10 ▶ 人員再配置前後のバリューマップ

3-5 限界利益経営で「黒字倒産」を回避する

決算書では、労務費などの固定費の一部は「在庫品のコスト」になって次年度に持ち越される。その結果、在庫品を生産すると「その年の営業利益」は大きくなる。決算書作成で使われている「全部原価計算」は、もともとこういう仕組みになっている。

しかし、その年の固定費は「社員に払う賃金、電気代、燃料代」などが中心。たとえ決算書上でその一部を来年の費用として扱っても、実際の支払は今年になる。

つまり、「決算書上の営業利益」を黒字にするために在庫を増やし続けると、黒字なのに社員への賃金などが払えなくなり、「**黒字倒産**」する可能性がある。

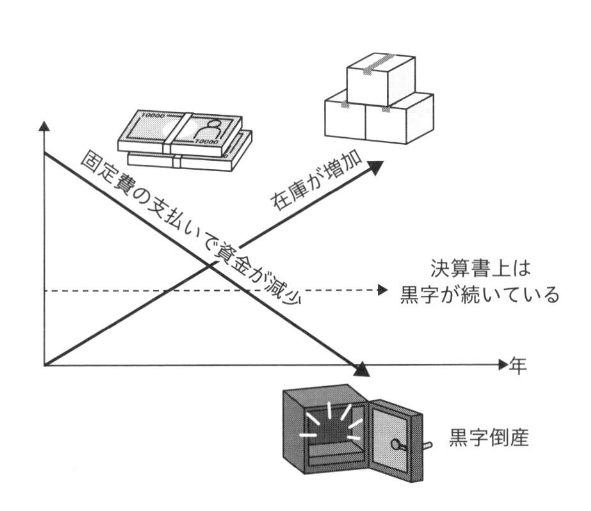

図 3-11 ▶ 黒字倒産への道

ポイント49 限界利益分析では固定費の全てを今年度の費用として扱うので黒字倒産のリスクが減る

それに対して、限界利益分析では、固定費の全てを「今年度の費用（期間費用）」として扱う。したがって、限界利益分析では、在庫生産しても営業利益が大きくなることはない。その結果、**黒字倒産のリスクは大幅に減る**。

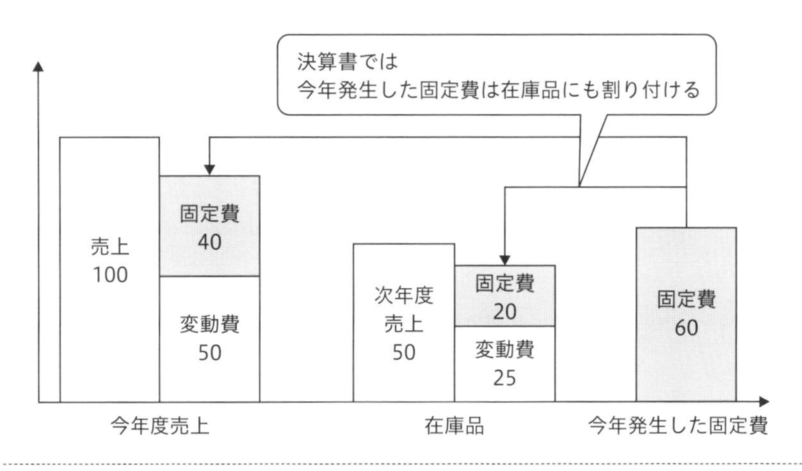

図3-12 ▶ 決算書上での固定費の扱い

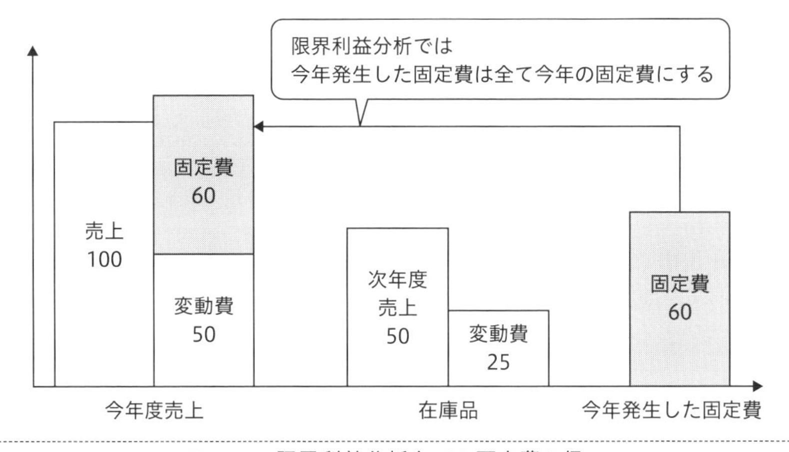

図3-13 ▶ 限界利益分析上での固定費の扱い

3-6 「工程別限界利益分析」で各工程の収益性を上げる

自社内に「素材加工工程と組立工程」といった「２つ以上の製造工程」がある企業は、全工程を一緒にして限界利益分析を行うと「工程毎の収益性」を評価できない。

2つ以上の製造工程の例

・プラスチック成型→部品組立

・板金プレス→塗装→組立

・鋳造→機械加工→組立

そんなときには、各工程間の「社内取引価格」を決め、工程毎の限界利益を使って「**各工程の収益性**」を評価する。

社内取引価格の決め方は「その部品を自社以外の部品メーカーから買ったらいくらか、売ったらいくらか」という「**市場価格方式**」が一般的。市場で出回っていない部品の場合は「その部品を社外に売るときの見積価格」を使う。

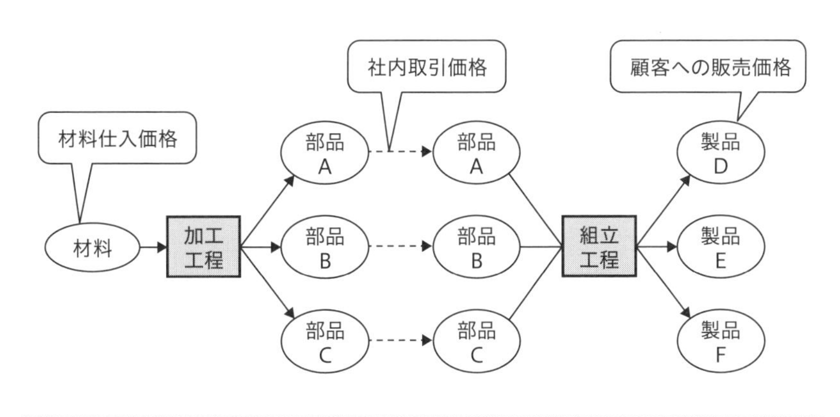

図 3-14 ▶ 社内取引価格の決定

工程別の限界利益を使って各工程の収益性を評価する

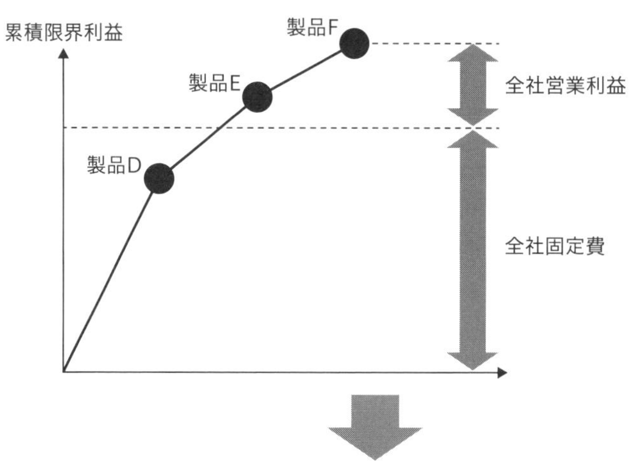

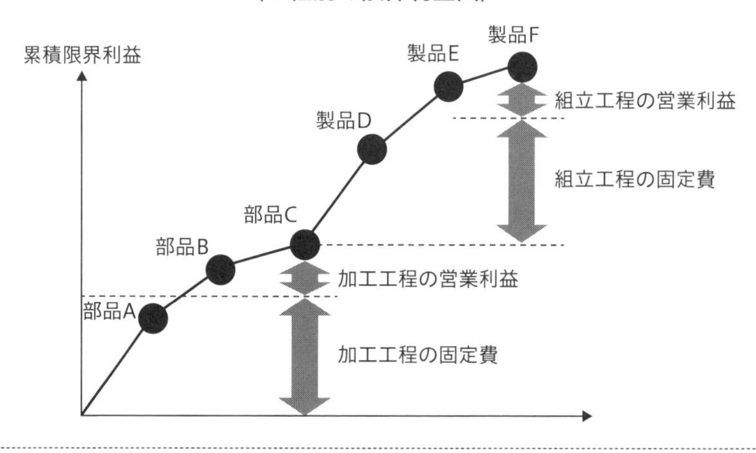

図 3-15 ▶ 工程別の限界利益図

◆事例：トイレットペーパー工場の利益管理

トイレットペーパーを生産しているＡ社の製造工程は、パルプからロール紙を作る製紙工程（素材産業）と、ロール紙からトイレットペーパーを作る加工工程（加工組立産業）に分けられる。

Ａ社では以前は２つの工程をまとめて限界利益管理していたので、工程毎の収益性がわからなかった。そこでＡ社では、ロール紙の外販価格を「製紙工程と加工工程間の社内取引価格」にして、**工程別の限界利益分析**を始めた。

その結果、工程毎の収益性が明らかになり「製紙工程の設備稼働率アップ、加工工程での作業改善」といった経営改善が急激に進んでいる。

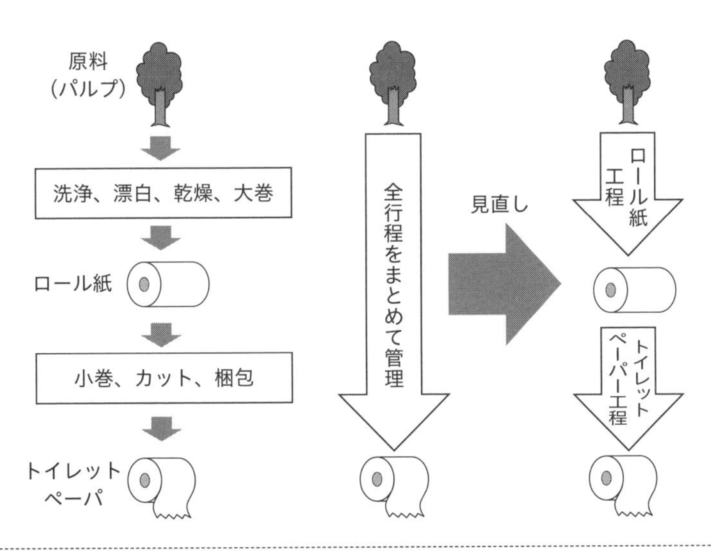

図3-16 ▶ トイレットペーパー工場での工程別の限界利益分析

3-7 限界利益を使った投資回収計算で確実な投資判断

設備や開発に投資すべきかどうかの判断は「投資した資金を何年かけて回収できるか」で行い、回収にかかる期間を「**投資回収期間**」という。

投資回収期間の計算は、限界利益で行うのが最も簡単で、**これ以上複雑な計算は不要**。なぜなら、投資回収期間の計算より「そもそも何年かけて回収すればよいか」を決める方が、市場やライバル企業の動向などの多くの要素が影響するので難しく重要なため。

ポイント 51 限界利益を使えば投資回収計算は簡単

例えば、200 万円をかけて製品Aを開発し、製品Aは毎年限界利益 50 万円を稼ぐときは、投資回収期間は 4 年になる。

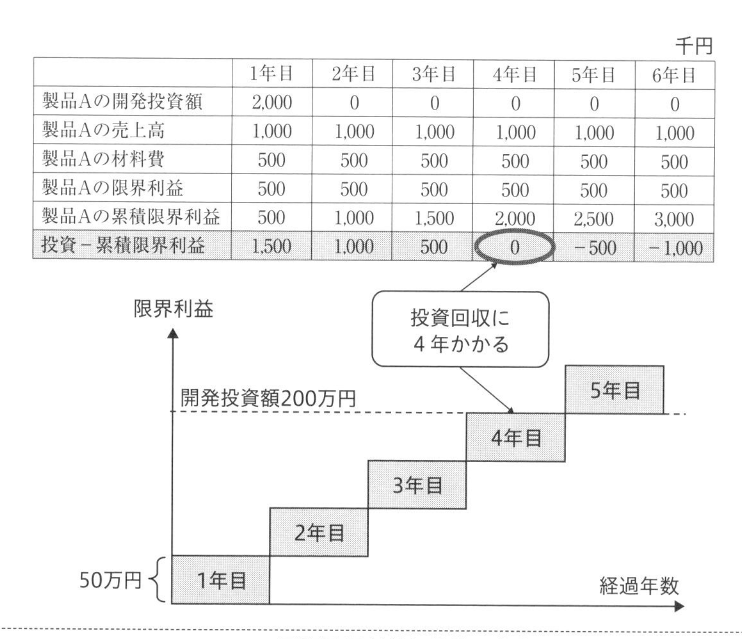

千円

	1年目	2年目	3年目	4年目	5年目	6年目
製品Aの開発投資額	2,000	0	0	0	0	0
製品Aの売上高	1,000	1,000	1,000	1,000	1,000	1,000
製品Aの材料費	500	500	500	500	500	500
製品Aの限界利益	500	500	500	500	500	500
製品Aの累積限界利益	500	1,000	1,500	2,000	2,500	3,000
投資－累積限界利益	1,500	1,000	500	0	－500	－1,000

図 3-17 ▶ 累積限界利益と投資回収期間

◆ 事例：セラミック部品を開発しているベンチャー企業の「死の谷」

ベンチャー企業の A 社は「電子機器用のセラミック部品」を開発・製造している。A 社は投資家から調達した資金を元手に 2023 年に起業し、2030 年には限界利益 5000 万円を稼ぐ計画で製品開発を進めている。

現在の A 社の最大の課題は 2026 年に迎える「現金の枯渇」。現在の予測では 2026 年末は現金残高が 100 万円になる。その年に稼ぐ限界利益は 500 万円なので、限界利益が計画より 100 万円少ないと材料費が払えなくなり A 社は倒産する。これはベンチャー企業が乗り越えなくてはならない「**死の谷**」と言われる。

千円

年度	2023	2024	2025	2026	2027	2028	2029	2030
資金調達額	60,000	0	0	0	0	0	0	0
売上高		0	0	10,000	50,000	60,000	70,000	100,000
材料費		2,000	2,000	5,000	25,000	30,000	35,000	50,000
限界利益		－2,000	－2,000	5,000	25,000	30,000	35,000	50,000
労務費		10,000	10,000	10,000	10,000	10,000	10,000	10,000
設備投資		20,000	5,000	5,000	5,000	5,000	5,000	5,000
資金残	60,000	28,000	11,000	1,000	11,000	26,000	46,000	81,000

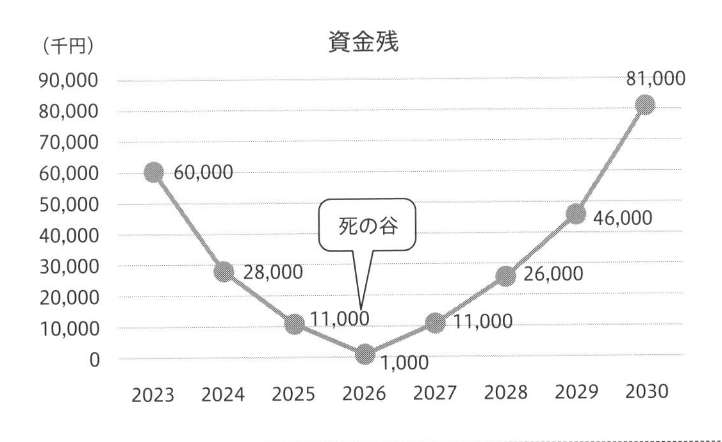

図 3-18 ▶ ベンチャー企業の死の谷

3-8 限界利益で経営戦略の効果をシミュレーションする

材料価格が上がったからといって「付加価値が他社と変わらない商品」を値上げするだけでは価格競争に負ける。かといって、値上げしないと限界利益がどんどん減り、経営は「じり貧」になる。そんなときは、限界利益図を使って「**戦略毎の効果予測**」を行う。

ポイント 52 限界利益図を使って戦略毎の効果を予測する

戦略案

① 商品の値上げ
② 材質変更、材料使用量削減
③ 材料の調達先変更
④ 不良削減で材料ロスを減らす
⑤ 経費、残業削減（固定費削減）
⑥ 高付加価値商品を開発する

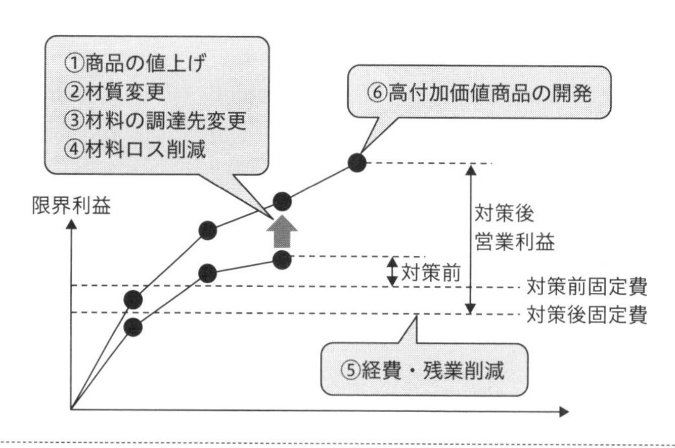

図 3-19 ▶ 限界利益と経営戦略（対策）

◆ 事例：食品メーカーの値上げ待ち戦略

食品メーカーのA社は、材料費の値上がりで経営が苦しくなったので、製品の値上げを考えている。しかし、値上げをすると競合企業にスーパーの棚をとられるので、なかなか値上げできない。

そこで考えたのが、「他社が値上げするまで待って、他社が値上げしたら他社製品が置いてあった棚を取り、お客に自社の付加価値が高い新製品を買ってもらい、その価値を知ってもらう」という「**他社の値上げ待ち戦略**」。

現在のA社は、自社製品の値上げではなく「**棚を取ったら並べる新商品**」の開発に集中している。

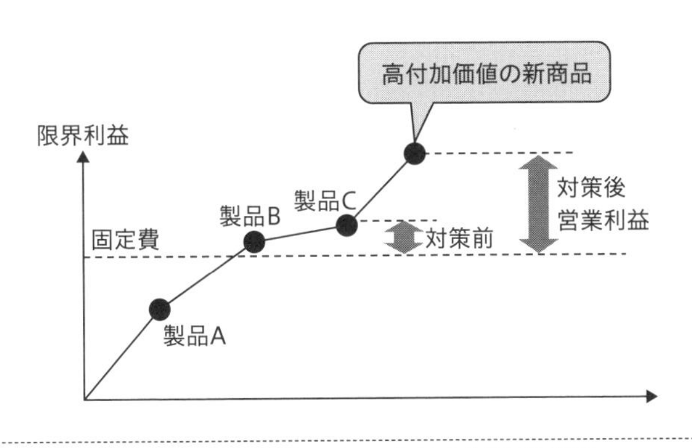

図3-20 ▶ 食品メーカー A 社の限界利益図

3-9 稼働率が不安定な企業は「標準賃率」を使ってはいけない

プラント（生産設備）を生産する工場のように、1回の受注額は大きいが、年によって受注量の変化が大きい企業は、**標準賃率の使い方**に注意が必要。

「プラント毎の利益」の計算に標準賃率を使っていると、「期末までは黒字と思っていたが、期末に実際賃率で利益を再計算したら赤字のプラントが続出し、会社は大赤字」という事態になる。

この原因は、1年間の受注量が計画以下だったら「工場の稼働率」も計画以下になり、その結果、実際賃率が標準賃率より高くなるため。

プラントの利益＝売価－材料費－（賃率×加工時間）
賃率＝固定費÷（労働時間×稼働率）

以下のX社が、稼働率100％、標準賃率1,000円／時間で利益2,400円の予算を組んだとする。

製品名	売価	材料費	加工時間	標準賃率	加工費	利益
A	3,000	1,000	1.0	1,000	1,000	1,000
B	2,000	500	1.0	1,000	1,000	500
C	3,000	100	2.0	1,000	2,000	900
合計						2,400

X社が製品Cを失注すると、製品Cの利益がなくなるので、X社の利益は黒字1,500円になりそうだが、これは間違い。

製品名	売価	材料費	加工時間	標準賃率	加工費	利益
A	3,000	1,000	1.0	1,000	1,000	1,000
B	2,000	500	1.0	1,000	1,000	500
合計						1,500

正しい計算は、製品Cを失注すると加工時間の合計が４時間から２時間に減るので、稼働率が100％から50％に下がり、賃率は1,000円／時間から2,000円／時間に上がる。その結果、X社の利益は赤字▲500円になる。

製品名	売価	材料費	加工時間	実際賃率	加工費	利益
A	3,000	1,000	1.0	2,000	2,000	0
B	2,000	500	1.0	2,000	2,000	－500
合計						▲500

しかし、実際賃率は期末までわからないので、それまでは会社の利益は黒字1,500円に見える。この「**期末まで本当の利益がわからない**」というのが賃率を使った利益計算の致命的な欠点。

そんな事態を避けるには、**プラントの損益は限界利益で管理する**。限界利益計算では、賃率や稼働率は使わないで固定費は別枠で管理する。そのため、「期末に締めたら赤字だった」という問題は発生しない。

表3-1▶限界利益を使った利益計算

予算

製品名	売価	材料費	限界利益	固定費	利益
A	3,000	1,000	2,000		
B	2,000	500	1,500		
C	3,000	100	2,900		
合計			6,400	4,000	2,400

製品Cを失注

実際

製品名	売価	材料費	限界利益	固定費	利益
A	3,000	1,000	2,000		
B	2,000	500	1,500		
合計			3,500	4,000	▲500

賃率は使わないで一定額の固定費（期間原価）で計算する

ポイント 53 **プラントの利益計算には賃率や稼働率は使わない**

3-10 多能工化が進んだ現代に「部門別賃率」は意味がない

限界利益計算で経営分析をシンプルにしても、決算書では固定費を製品に割り付けるのがルールなので「賃率計算」はやらざるを得ない。

つまり、賃率計算は限界利益分析を始めても、「**必要悪**」として企業内に生き残り続ける。

しかし、この必要悪にすぎない「賃率計算」に手間をかけすぎると、管理部門は賃率計算だけで疲れ切って、経営戦略まで考えなくなる。

多くの企業が採用している「部門別の賃率計算」のような「**無用に複雑な賃率計算**」は、一刻も早く「**全社一律の賃率**」といったシンプルな賃率計算に切り替えて、賃率計算は簡単にすませるべき。

ポイント 54 **部門別の賃率計算は全社一律賃率に切り替えて簡単にすませる**

まとめ 全社一律賃率の2つのメリット

① **柔軟な生産体制の工場に合っている**

多能工化が進み、各作業者が部門をまたいで様々な作業をすることで生産性を上げている工場では、部門ごとに作業者を固定化して計算する「部門別賃率」は、全く意味がない。

② **手間がかからない**

部門別賃率は計算に手間がかかり、ムダな工数が増える。全社一律の賃率でそんなムダがなくなると、管理部門は「経営改善のための経営分析」といった本来業務に専念できる。

基本データ

	単位	1 課	2 課	3 課	合計
直接員人数	人	2	2	6	10
設備台数	台	2	4	4	10
面積（m^2）	m^2	50	50	400	500
平均労働時間	時間	2,000	2,000	2,000	
合計労働時間	時間	4,000	4,000	12,000	20,000
平均稼働率	%	40%	40%	80%	64%
合計作業時間	時間	1,600	1,600	9,600	12,800

賃率計算

費目	単位	配賦基準	1 課	2 課	3 課	合計
直接員労務費	万円	個別配賦	1200	800	3000	5000
間接員労務費	万円	直接員人数	400	400	1200	2000
減価償却費	万円	設備台数	100	200	200	500
その他経費	万円	面積	50	50	400	500
費用合計	万円		1750	1450	4800	8000
賃率	円／時間		10,938	9,063	5,000	6,250

3 課の賃率
= 3 課の費用合計 ÷ 3 課の合計作業時間
= 4800 万円 ÷ 9600 時間
= 5,000 円／時間

図 3-21 ▶ 部門別賃率の計算

基本データ

	単位	合計
合計労働時間	時間	20,000
平均稼働率	%	64%

賃率計算

費目	単位	合計
直接員労務費	万円	5000
間接員労務費	万円	2000
減価償却費	万円	500
その他経費	万円	500
費用合計	万円	8000
賃率	円／時間	6,250

全社一律の賃率
＝費用合計 ÷（合計労働時間 × 稼働率）
= 8000 万円 ÷（20,000 時間 × 64%）
= 6,250 円／時間

図 3-22 ▶ 全社一律賃率の計算

◆ 事例：食品メーカーの賃率１本化

食品メーカーのＡ社は工場が３か所にある。以前は各工場で別々の製品を生産し、賃率は各工場ごとに別々の値を設定していた（工場別賃率）。

しかし、現在は３工場をひとつの工場と捉え、どの工場でも生産ができる製品を増やしたり、ひとつの工場が忙しいと他工場から応援にいくことで、３工場トータルの生産性を上げている。

しかし、そんな柔軟な生産体制にも拘らず、Ａ社は「工場別賃率」を使い続けていた。そのため、「同じ製品でも作る工場によって原価が違う」という、おかしな事態になっていた。

そんな現状を改善するため、Ａ社は昨年、工場別の賃率を全社一律の賃率に変えた。賃率を１本化するときには「同じ製品でも、新しい設備が多い新工場と、ほとんどの設備が償却ずみの旧工場では、原価に差がつくのは当たり前」という反対意見があった。

しかし、「会社全体の限界利益最大化を経営目標にするので、限界利益計算とは無関係で、手間ばかりかかる賃率計算は、可能な限りシンプルにする」という社長の方針で、「**賃率の全社一律化**」を決めた。

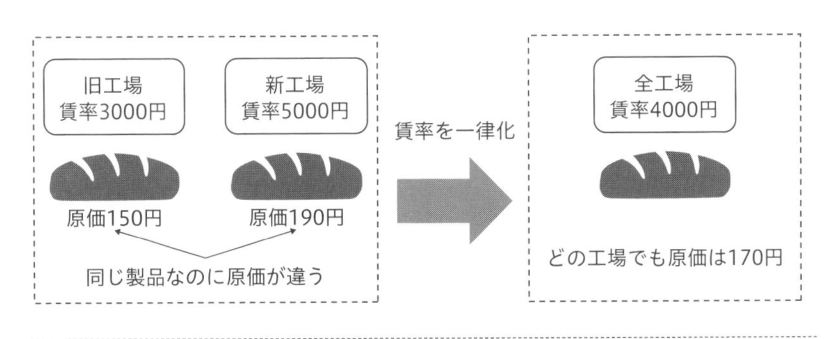

図 3-23 ▶ 食品メーカーの賃率の全社一律化

第4章

限界利益で売上を伸ばす

実践編

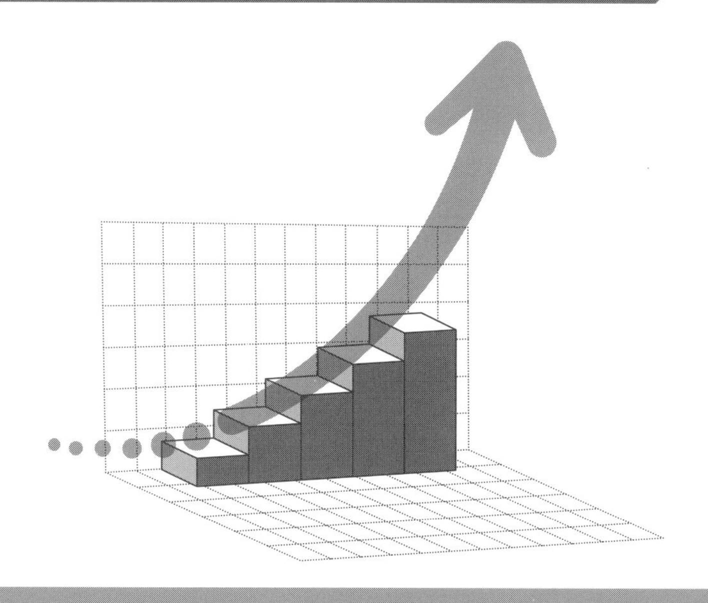

4-1 「目標限界利益率」の決め方には3パターンある

目標限界利益率を決めるには、まずは前年度の「製品別限界利益図」を作る。その結果と今年度の新製品計画をもとに、以下の3つの中から「自社の目標限界利益率」を選ぶ。

3つの目標限界利益率

① 前年度の平均限界利益率を今年度の目標にする
② 前年度の平均限界利益率に上積みする
③ 手間賃製品と付加価値製品で見積ルールを変える

ポイント55 今年度の目標限界利益率の決め方は3つのパターンから選ぶ

① 前年度の平均限界利益率を今年度の目標にする

前年度の業績が好調で、前年度の営業利益を維持したいときには「前年度の全製品の平均限界利益率」を今年度の目標限界利益率にする。

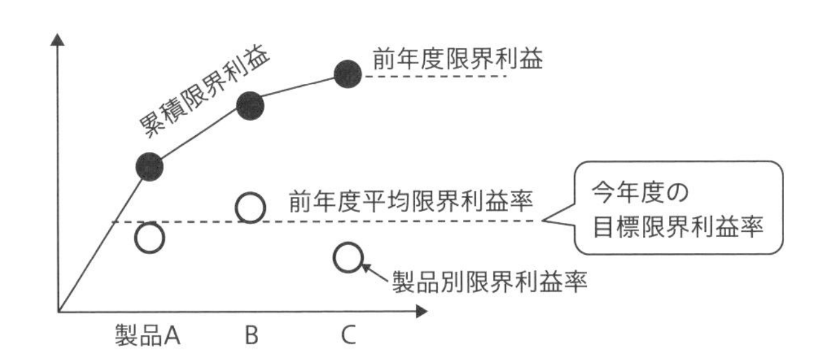

見積価格
＝材料費＋目標限界利益
＝材料費÷(1－目標限界利益率)

図4-1 ▶ 目標限界利益率の決め方①

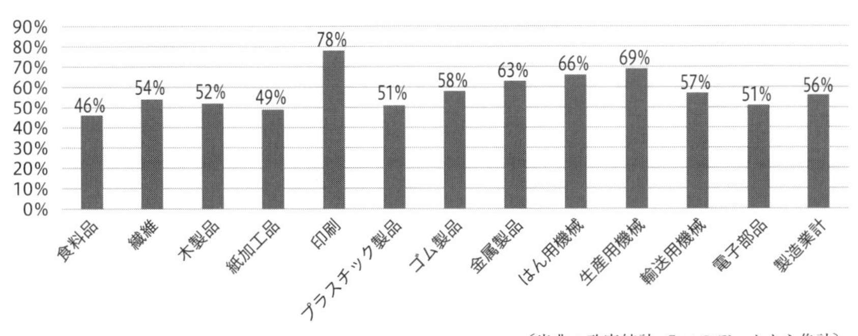

〔出典：政府統計e-Statのデータから集計〕

図 4-2 ▶ 業種別の限界利益率

②　前年度の平均限界利益率に上積みする

前年度の業績が不振だったときは、今年度の目標限界利益と目標売上高をもとに、今年度の目標限界利益率を決める。

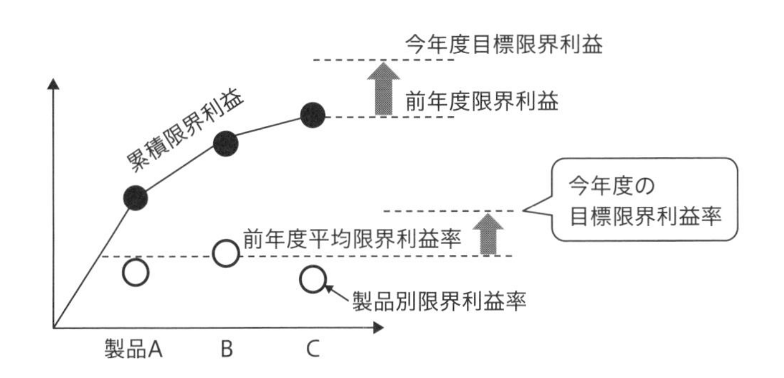

今年度の目標限界利益率
＝今年度の目標限界利益÷今年度の目標売上高

図 4-3 ▶ 目標限界利益率の決め方②

③　手間賃製品と付加価値製品に分ける

製品を手間賃製品と付加価値製品に分け、付加価値製品に対して目標限界利益率を決める。

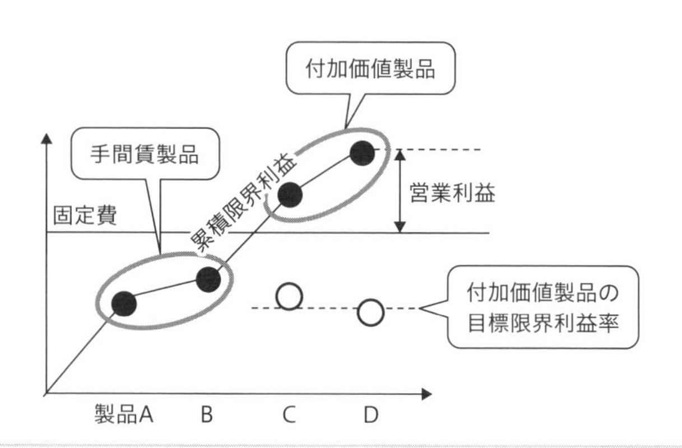

手間賃製品と付加価値製品の見積ルール

手間賃製品の見積価格（賃率計算）

＝材料費＋(賃率×加工時間)＋希望利益

付加価値製品の見積価格

＝材料費÷(1－目標限界利益率)

図 4-4 ▶ 目標限界利益率の決め方③

◆ 事例：金属部品メーカーの価格見積

産業機械用の部品を工作機械で加工しているX社は、手間賃製品と付加価値製品で見積ルールを分けている。

手間賃製品 A の見積価格

＝材料費 1000 円＋（賃率 3000 円／時間×1 時間）＋希望利益 200 円

＝ 4200 円

付加価値製品 B の見積価格

＝材料費 2000 円÷（1－目標限界利益率 60％）

＝ 5000 円

ただし、ここで困ったことが起きていた。

付加価値製品Bの顧客企業が、「加工費の内訳（加工時間、賃率）」を求めてくることだ。そんな企業に対してX社は、「社内向けの見積価格内訳」から加工時間や賃率を逆算し「**顧客用の見積価格内訳**」を作っている。

付加価値製品 B の社内見積価格内訳

＝材料費 2000 円÷（1－目標限界利益率 60％）

＝ 5000 円

付加価値製品 B の顧客用見積価格内訳

＝材料費 2000 円＋（賃率 2500 円／時間×1 時間）＋希望利益 500 円

＝ 5000 円

4-2 売上数を増やすなら限界利益が最大の製品

どれか1種類の製品だけを選んで売上数を増やす場合は、「粗利（売価－製造原価）が最大の製品」の売上数を増やすか、「限界利益が最大の製品」の売上数を増やすかは悩むところ。

固定費が一定なら、売上数を増やした製品の限界利益分だけ「企業の限界利益」と「企業の営業利益」が増えるので、増やす数が同じなら、限界利益が大きい製品を多く売るべき。

ポイント 56　売上数を増やすなら、限界利益が大きい製品を選ぶ

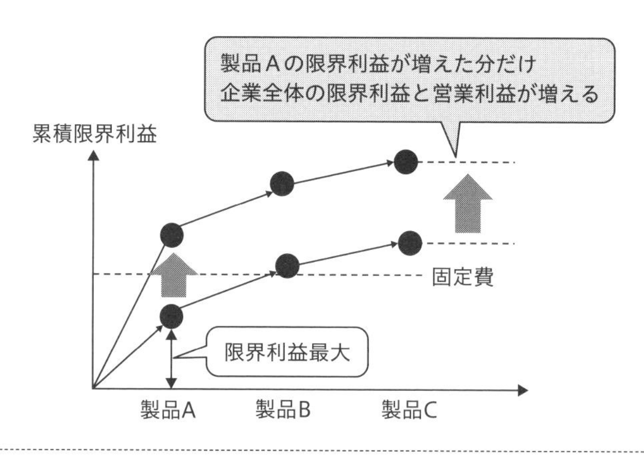

図 4-5 ▶ 限界利益が大きい製品の売上数を増やす

例えば、以下の例で粗利が最大の製品Bの販売数を1個増やすと企業の限界利益は10円しか増えないが、限界利益が最大の製品Aの販売数を1個増やすと企業の限界利益は15円増える。

表 4-1 ▶ 粗利最大の製品と限界利益最大の製品の売上数を増やした場合の比較

〈現状〉

製品	製品 売価	製品 材料費	製品 加工費	製品 限界利益	製品 粗利	販売数	合計 売上高	合計 限界利益
A	20	5	10	15	5	1	20	15
B	25	15	3	10	7	1	25	10
C	30	27	1	3	2	1	30	3
合計			14				75	28

〈粗利最大の製品 B の売上数を 1 個増やす〉

製品	製品 売価	製品 材料費	製品 加工費	製品 限界利益	製品 粗利	販売数	合計 売上高	合計 限界利益
A	20	5	10	15	5	1	20	15
B	25	15	3	10	7	2	50	20
C	30	27	1	3	2	1	30	3
			14				100	38

〈限界利益最大の製品 A の売上数を 1 個増やす〉

製品	製品 売価	製品 材料費	製品 加工費	製品 限界利益	製品 粗利	販売数	合計 売上高	合計 限界利益
A	20	5	10	15	5	2	40	30
B	25	15	3	10	7	1	25	10
C	30	27	1	3	2	1	30	3
			14				95	43

4-3 値上げするなら価格が高い製品

どれか１種類の製品だけを選んで、決まった割合で値上げするときは、「限界利益が最大の製品」を値上げするか、「売価が最大の製品」を値上げするかは悩むところ。

固定費が一定なら、値上げで売上高が上積みされた分だけ「企業の限界利益」が増え、「企業の営業利益」も増えるので、価格が高い製品を値上げするべき。

ポイント 57

決まった割合で値上げするなら、一番価格が高い製品を値上げする

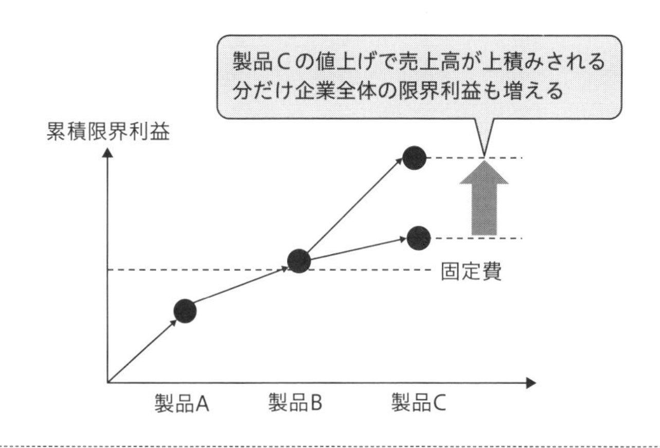

図 4-6 ▶ 一番価格が高い製品を値上げする

例えば、以下の例で限界利益が最大の製品Aを2倍に値上げすると企業の限界利益は20円増えるが、限界利益は最低だが売価が最大の製品Cを2倍に値上げすると企業の限界利益は30円増える。

表4-2▶限界利益最大と売価最大の製品を2倍に値上げした場合の比較

〈現状〉

製品	製品売価	製品材料費	製品加工費	製品限界利益	製品粗利	販売数	合計売上高	合計限界利益
A	20	5	10	15	5	1	20	15
B	25	15	3	10	7	1	25	10
C	30	27	1	3	2	1	30	3
合計							75	28

〈限界利益最大の製品Aを2倍に値上げ〉

製品	製品売価	製品材料費	製品加工費	製品限界利益	製品粗利	販売数	合計売上高	合計限界利益
A	40	5	10	35	25	1	40	35
B	25	15	3	10	7	1	25	10
C	30	27	1	3	2	1	30	3
合計							95	48

〈売価最大の製品Cを2倍に値上げ〉

製品	製品売価	製品材料費	製品加工費	製品限界利益	製品粗利	販売数	合計売上高	合計限界利益
A	20	5	10	15	5	1	20	15
B	25	15	3	10	7	1	25	10
C	60	27	1	33	32	1	60	33
合計							105	58

4-4 粗利が赤字でも限界利益が黒字なら販売は続ける

粗利（売価－製造原価）が赤字の製品を販売中止する判断は難しい。そんなときには、その製品の限界利益で判断するのが正解。

例えば、以下のX社が売っている製品Aは粗利は▲ 20 円の赤字だが、限界利益は＋ 40 円の黒字。この場合は、販売を続けるべきだろうか？

ただし、製品Aの販売をやめても、代わりに売る製品はないとする。

製品Aの利益

製品粗利

＝売価－材料費－加工費

＝ 100 円－ 60 円－ 60 円＝▲ 20 円

製品限界利益

＝売価－材料費

＝ 100 円－ 60 円＝＋ 40 円

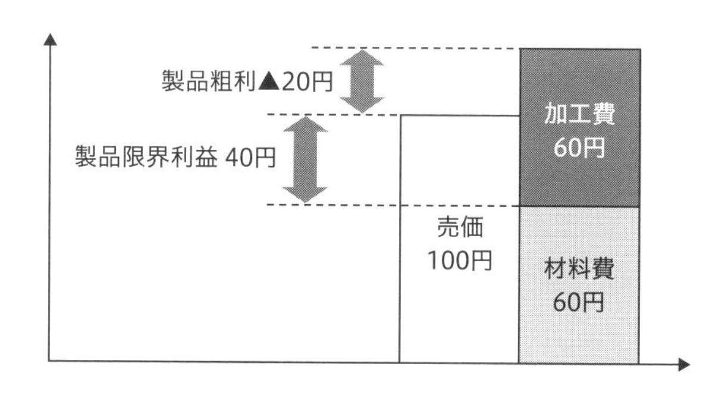

図 4-7 ▶ 粗利が赤字で限界利益が黒字の製品 A

この場合、X 社が製品 A の販売を中止すると、X 社の利益はどうなるだろうか？

X 社の損益（製品 A を売っているとき）

・限界利益＝ 1000 円
・固定費＝ 600 円
・営業利益＝ 400 円

X 社の利益（製品 A の販売をやめたとき）

・限界利益＝ 1000 円－ 40 円＝ 960 円
・固定費＝ 600 円
・営業利益＝ 360 円

X 社が製品 A の販売をやめると、X 社の限界利益は、製品 A が稼いでいた限界利益 40 円がまるまるなくなる。X 社の固定費 600 円が変わらなければ、X 社の営業利益は 40 円減って 360 円になる。

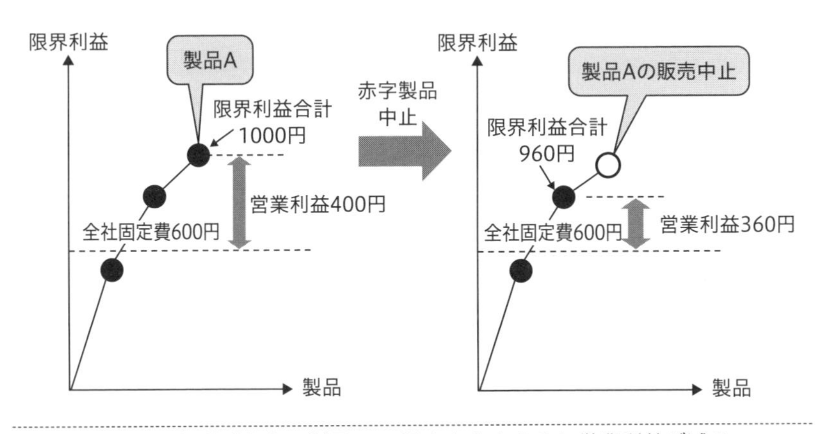

図 4-8 ▶ 粗利が赤字の製品 A の販売を中止すると営業利益が減る

ポイント58 粗利が赤字でも限界利益が黒字なら販売を続ける

◆ 事例：漬物メーカーの製品戦略

野菜の漬物を生産・販売しているX社は、業績が低迷し、粗利が赤字の製品の販売中止を検討していた。

粗利が赤字の製品は全60製品中20製品もあり、赤字の合計は120万円だった。社長は当初この赤字製品の販売を全てやめようとしていた。

しかし、赤字製品の限界利益を調べると、全ての製品が限界利益は黒字で、限界利益の合計は＋500万円だった。

しかも、赤字製品の生産をやめても、雇用契約の関係で作業者の労務費は全く減らない（人員削減はできない）。つまり、赤字の製品の生産をやめると、会社の利益は500万円減ることがわかった。

その結果を見て、社長は赤字製品の製造・販売は続けることに決め、現在は「**赤字製品に代わる高付加価値製品の開発**」に取り組んでいる。

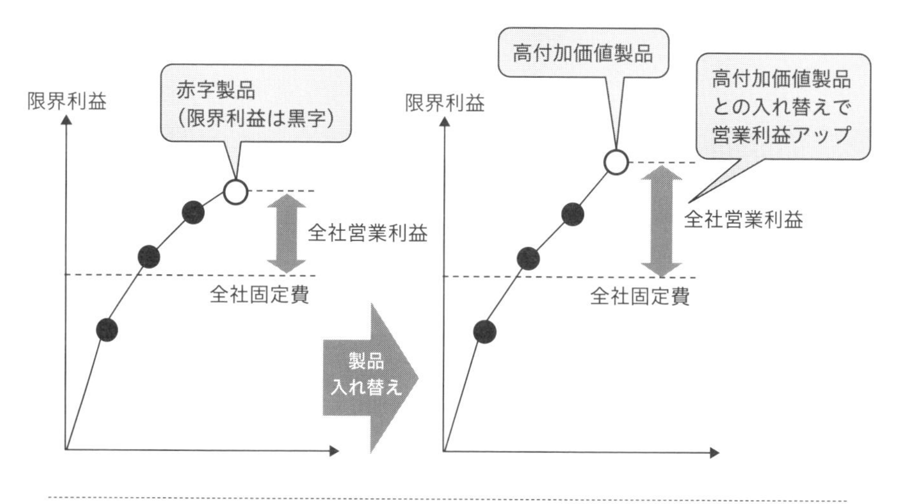

図4-9 ▶ 高付加価値製品との入れ替えで営業利益アップ

4-5 粗利が赤字でも限界利益が黒字なら受注する

X社に顧客企業Y社から製品Aの注文が来た。ところが製品原価を計算すると粗利は▲20円の赤字だが、限界利益は+40円の黒字だった。

製品Aは受注すべきだろうか？

製品Aの利益

粗利

＝売価－材料費－加工費

＝100円－60円－60円＝▲20円

限界利益

＝売価－材料費

＝100円－60円＝＋40円

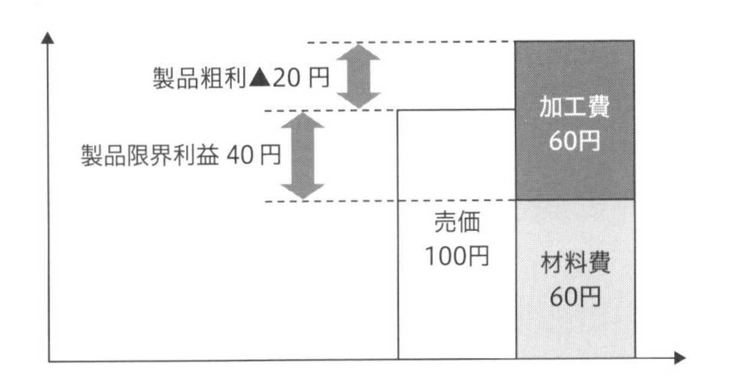

図4-10 ▶ 粗利が赤字で限界利益が黒字の製品A

粗利が赤字の製品Aを1個受注すると、X社の営業利益はどうなるだろうか？

X社の損益（製品Aを受注前）

・限界利益＝1000円

・固定費＝600円

・営業利益＝400円

X社の損益（製品Aを受注後）

・限界利益＝1000円＋40円＝1040円

・固定費＝600円

・営業利益＝440円

X社が製品Aを受注すると限界利益が40円増える。固定費600円は変わらないのであれば、営業利益も40円増えて440円になる。

ポイント 59 粗利が赤字でも限界利益が黒字なら受注する

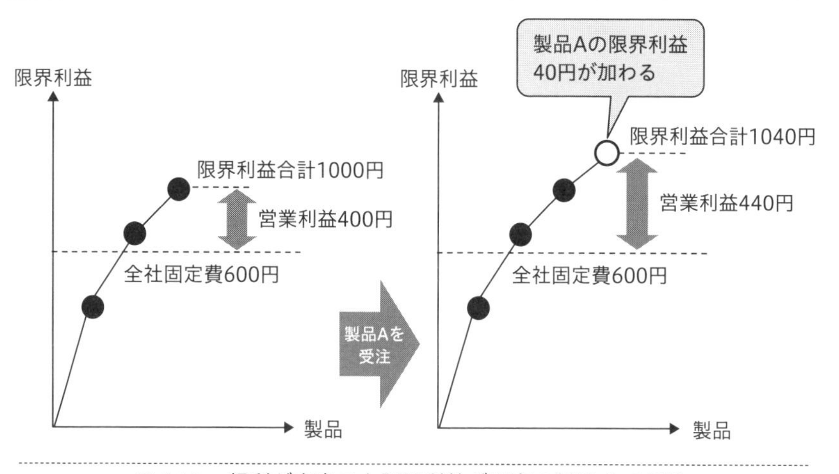

図4-11 ▶ 粗利が赤字でも限界利益が黒字の製品Aの受注

ただし、製品の受注には、製品を生産する能力を確保する必要がある。

製品の生産能力が限られているため、受注するには作業者の増員や設備の増強で固定費が「受注による限界利益の増加分」以上に増えるのなら、限界利益が黒字でも受注すべきではない。

以下の例では、製品 A を受注すると設備増強で固定費が 60 円増え、限界利益の増加分 40 円を上回るので、営業利益は 20 円減る。この場合は、製品 A は受注すべきでない。

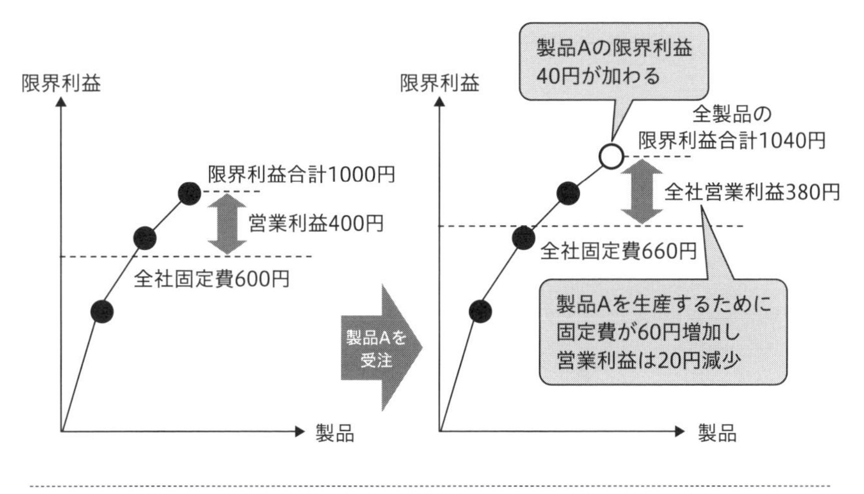

図 4-12 ▶ 設備増強で固定費が増えたことで営業利益が減る

4-6 市場開拓のためには限界利益ゼロでも売り出す

営業利益が400円のX社は、市場開拓のため、新製品Aを売り出そうとしている。ただし、製品Aは粗利は▲20円の赤字で、限界利益はゼロだった。

X社は市場開拓のために、製品Aを売り出してもよいだろうか？

> **製品Aの粗利**
> ＝売価－材料費－加工費
> ＝100円－100円－20円＝▲20円
> **製品Aの限界利益**
> ＝売価－材料費
> ＝100円－100円＝0円

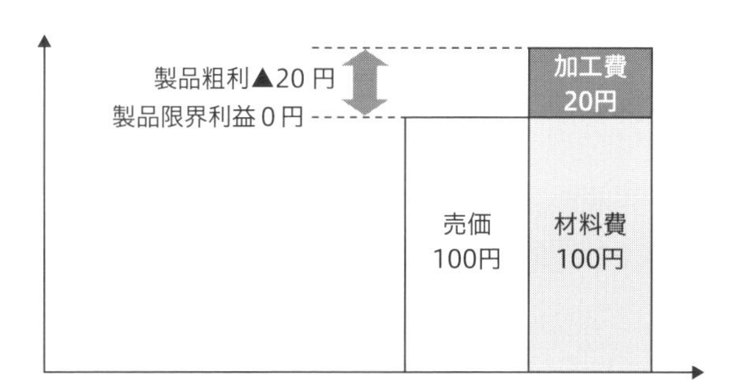

図4-13 ▶ 粗利が赤字で限界利益ゼロの製品A

粗利が赤字の新製品Aを市場開拓のために1個だけ売ると、X社の営業利益はどうなるだろうか？

答えは、新製品Aは粗利が赤字だが、限界利益はゼロなので、X社の営業利益は400円のままで変わらない。

X社の損益（新製品Aの販売前後で変わらない）

・限界利益＝1000円

・固定費＝600円

・営業利益＝400円

市場開拓のために製品を売るときは、製品限界利益が赤字でない限りは、製品粗利が赤字でも売るべき

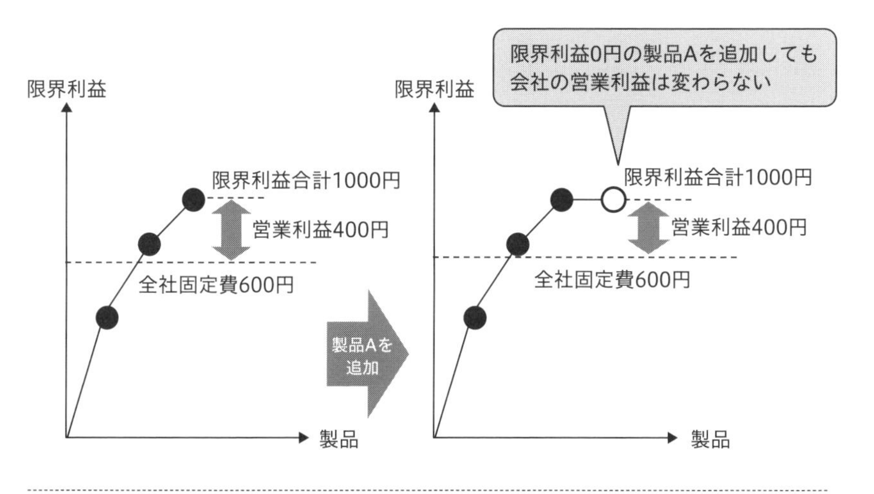

図 4-14 ▶ 製品粗利が赤字でも限界利益がゼロなら営業利益は変わらない

4-7 限界利益最大化のためには生産性が高い製品から受注する

生産能力以上の注文があって、注文の一部を断っている企業は「作業時間」がボトルネック（制約条件）になっていることが多い。つまり、作業者が忙しすぎて、全ての注文には対応できない状態。

そんな企業は、「**作業時間当たりの限界利益**」つまり生産性が高い製品を優先して受注すると「企業の限界利益」を最大化できる。

以下の例では、製品の作業時間と製品限界利益が異なる３つの製品がある。横軸が作業時間、縦軸が限界利益なので、この場合は「C ＞ B ＞ A」の順に生産性が高いことがわかる。

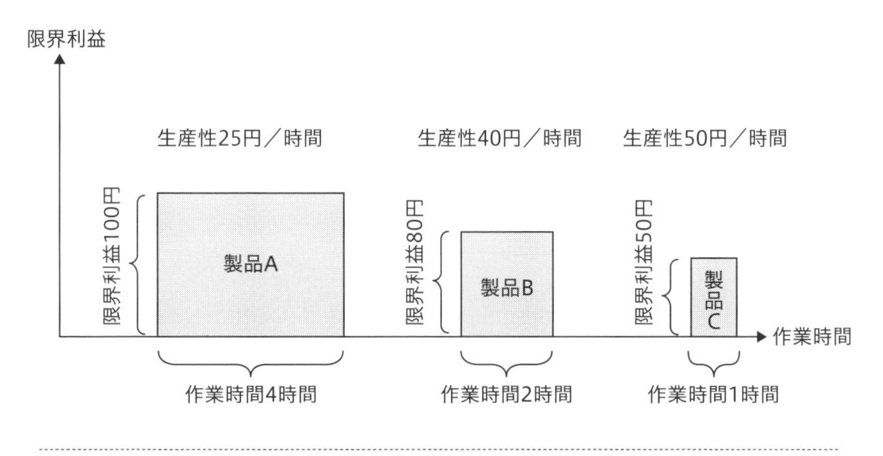

図 4-15 ▶ 製品別の生産性（作業時間対限界利益）

◆ 戦略 1：限界利益が高い製品から受注する

工場の作業可能な時間が 6 時間とすると、まず限界利益が最大で作業時間が 4 時間の製品 A を 1 個受注する。すると残りの作業時間は 2 時間なので、2 時間で生産できる限界利益が最大の製品の製品 B を 1 個受注する。

この結果、企業の限界利益は 180 円になる。

◆ 戦略 2：生産性が高い製品から受注する

生産性が最大の製品 C（作業時間 1 時間）を 6 個受注する。これで、作業可能時間は満杯になる。企業の限界利益は製品 C 6 個分の 300 円になり、戦略 1 に比べて限界利益は 120 円多くなる。

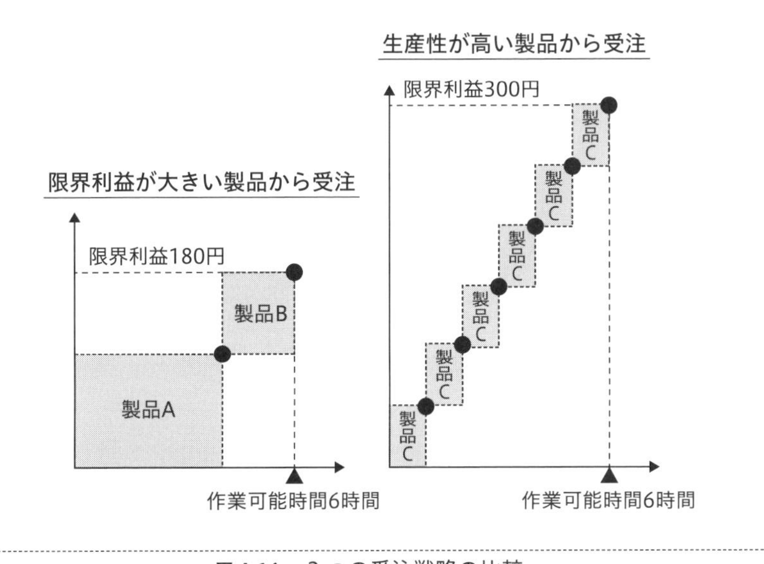

図 4-16 ▶ 2 つの受注戦略の比較

「作業時間」がボトルネックの企業は、生産性が高い製品から受注する

◆ **事例：洋菓子メーカーのクリスマスに生産する製品**

洋菓子を生産しているX社では、クリスマスシーズンにケーキの注文が急増する。そのため、クリスマスシーズンにはパートを増員し、フル稼働で生産している。

しかし、それでも生産能力不足のため、ケーキ以外の一部の商品は生産を停止している。そんなときにX社は「製品1個当たりの限界利益が大きい製品B」を優先的に生産していた。

しかし、仮にケーキ以外の生産能力が100時間だとすると、限界利益が最大の製品Bは500個作れて限界利益は150万円。それに対して、生産性が最大の製品Aは2000個作れるので限界利益は200万円になる。

表4-3 ▶ 2つの製品の限界利益比較

製品	製品売価	製品材料費	製品加工時間	製品加工費	製品粗利	製品限界利益	製品生産性	生産可能数	限界利益
A	2,000	1,000	0.05	250	750	1,000	20,000	2,000	2,000,000
B	4,000	1,000	0.2	1,000	2,000	3,000	15,000	500	1,500,000

（賃率＝5,000円／人時間）

つまり、X社がケーキ以外に生産する製品を選ぶ基準は「製品1個の限界利益」ではなく、1時間当たりの限界利益つまり「**製品1個の生産性**」にして、クリスマスシーズンは製品Aを作るべきだった。

製品の生産性＝製品の限界利益÷製品加工時間

第 5 章

開発段階に付加価値を生み出す

実践編

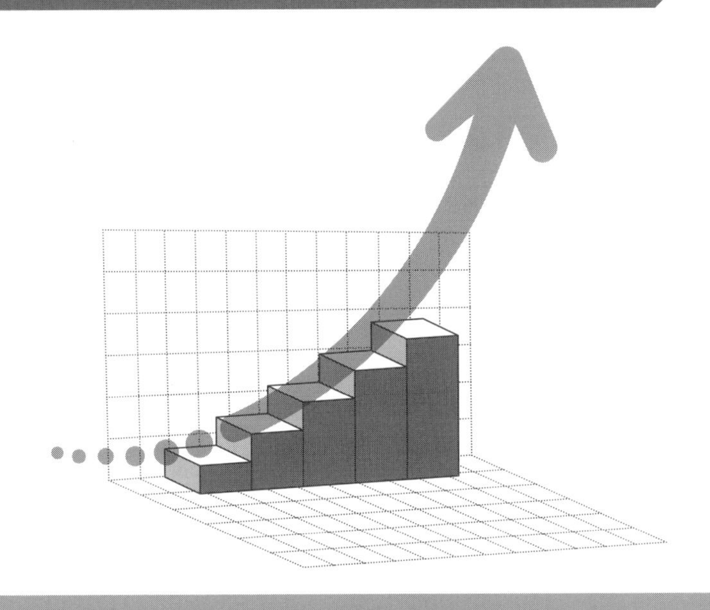

5-1 製品原価の80%は開発段階に決まる

「製品のコストは開発段階に80%が決まる」と言われる。

「設計完了後の製造段階に行う改善活動」のコストダウン効果は、残りの20%に対するものにすぎない。

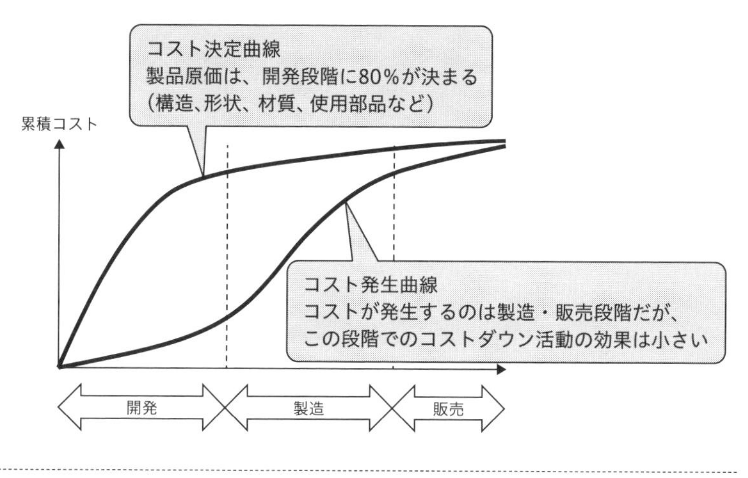

図5-1 ▶ コスト決定曲線

新製品の開発段階から設計・製造・営業が一体になって行う「付加価値とコストの作り込み活動」が**原価企画活動**で、製造業にとっては最も重要な活動になる。

ネット上では「原価企画とは製品の開発段階に行う原価管理活動」という解説もあるが、「原価管理活動」は原価企画活動のほんの一部分にすぎない。

「原価企画活動」は、複数の部門が同時並行的に製品開発に参加するので「**コンカレント・エンジニアリング**」とも言われる。

また、製品開発プロセスの段階に、会社のリソース(人員、資金)を集中的に投じるので「**フロント・ローディング**」とも言われる。

ポイント62 原価企画の活動内容を理解する

原価企画の主な活動

① 部品の共通化で部品費を削減（値下げ交渉）
② ユニットの共通化で開発期間と製造リードタイムを短縮
③ 競合製品のティアダウンで付加価値アップのアイデアを発掘
④ 部品メーカーとの共同開発で付加価値をアップ
⑤ 購買部門が新製品に必要な部品メーカーを開拓
⑥ 購買部門が部品メーカーの技術動向を開発部門に提供
⑦ 製造部門が製造段階のコストダウン・アイデアを提案
⑧ 営業部門が市場情報を開発部門に提供（他社製品の情報）
⑨ 原価管理で目標原価の達成状況をチェック

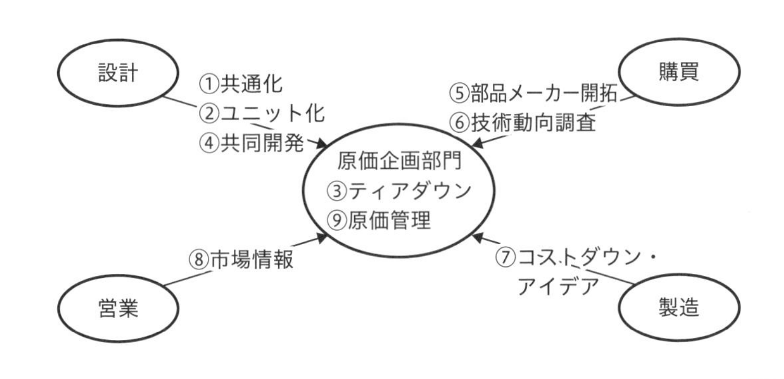

図5-2 ▶ 原価企画の主な活動

原価企画活動の中心になるのは「原価企画部門」になる。しかし、多くの企業では「設計・購買・製造・営業」の職場は地理的に離れているので、原価企画部門が定期的に関係部門を集めたり、各部門を巡回して「**扇のかなめ**」的な役割を果たしている。

◆ 事例：精密機械メーカーの原価企画

精密機械メーカーのX社では、原価企画部が「設計、購買、製造、生産技術部門」と共同で新製品を開発し、限界利益率を従来製品の40％から61％に上げた。そのときには以下の「原価企画活動管理表」を使った。

表 5-1 ▶ X社の原価企画活動管理表

	従来製品	新製品	活動内容
売価	15,000	16,500	機能見直しで付加価値＋10％
材料費	8,000	5,600	他製品と部品共通化で▲5％
			製造段階の材料ロス削減で▲10％
			材質見直しで▲10％
			形状見直しで▲5％
外注費	1,000	800	内製化で▲10％
			外注先変更で▲10％
限界利益	6,000	10,100	売価－材料費－外注費
限界利益率	40％	61％	**目標限界利益率 60％**

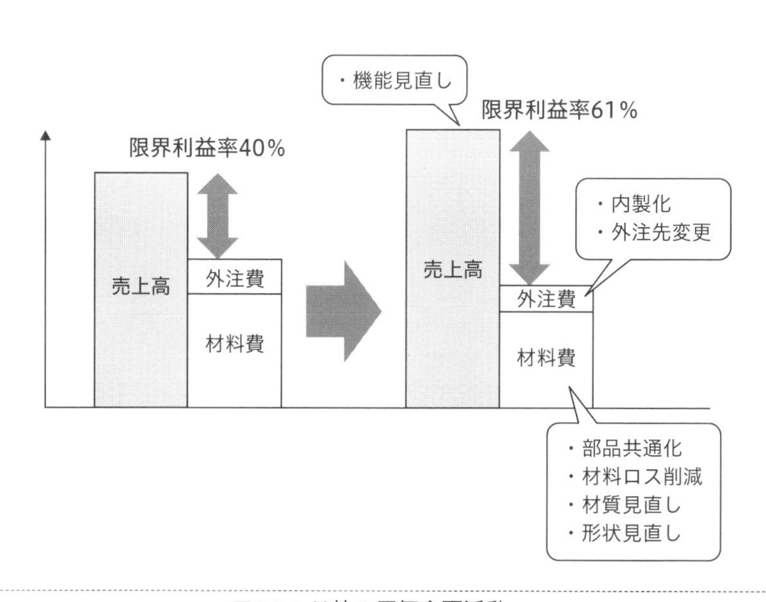

図 5-3 ▶ X社の原価企画活動

5-2 部品の共通化で、その部品を使う全製品のコストが下がる

部品の共通化は、その部品を使っている全ての製品に効果があるので、開発段階から行うコストダウン活動の重要テーマになる。

部品の共通化の効果

- **部品の購入価格を下げられる：**
  部品1種類当たりの、部品メーカーへの「1回当たりの発注数」が増えるので、部品メーカーでは大量生産によるコスト削減ができる。
- **品質向上：**
  部品の種類が減るので品質管理が容易になり、品質が向上する。
- **在庫削減：**
  部品の種類が減るので、部品の在庫が減り在庫管理も容易になる。

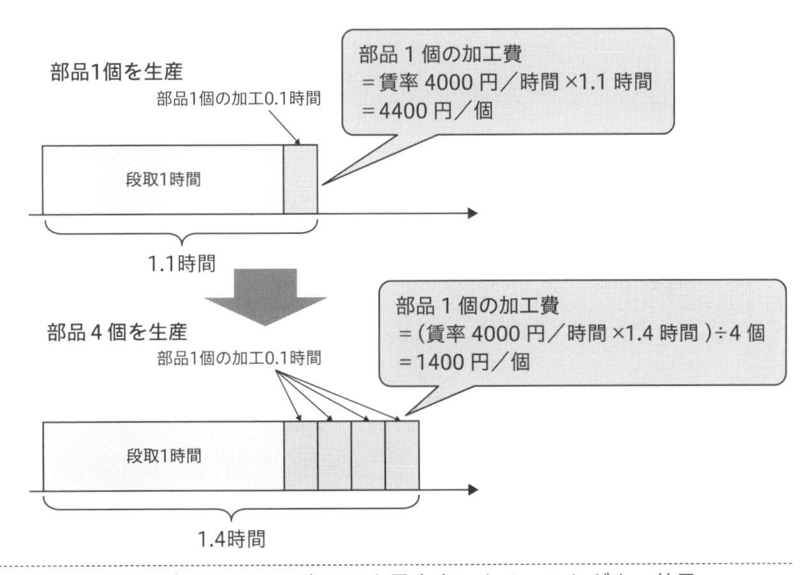

図5-4 ▶ 部品メーカー内での大量生産によるコストダウン効果
（賃率4000円／時間として全部原価計算）

部品の共通化は3ステップで進める

部品の共通化の進め方

① 第1ステップ
設計・購買・品質管理部門が協力して「品質とコストの両面」から最適な共通部品を探し、その部品を「標準部品」として登録する。

② 第2ステップ
設計者が標準部品を使った設計をする。

③ 第3ステップ
購買部門が複数の製造ロットに使う標準部品をまとめて発注し、部品メーカーからの購入価格を下げる。

部品の共通化を進めるには、設計・購買・品質管理が協力する必要があるので、部品の共通化を進める「専門の部門」を作っている企業が多い。

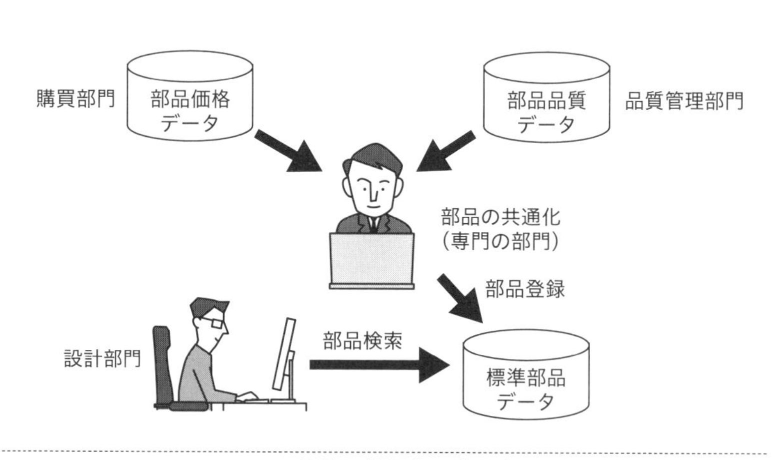

図5-5 ▶ 部品の共通化の進め方

◆ 事例：製造装置メーカーの部品の共通化

製造装置メーカーのX社は、1 台数億円の装置を受注生産している。

しかし、装置 1 種類当たりの生産数が 10 台程度なので、以前は部品の共通化には積極的でなかった。しかし、数年前から共通化を積極的に進めた結果、装置 1 台当たり 100 万円以上の大幅なコストダウンに成功した。

部品の共通化は、自動車部品のような大量生産品でないとコストダウン効果がないと思っている人が多いが、それは全くの逆。

生産数が少ない方が共通化によるコストダウン効果（コストダウン率）は大きい。

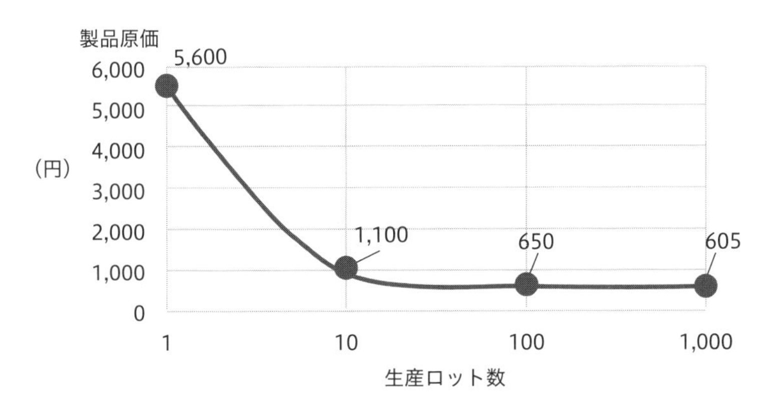

材料費100円/個、段取り時間1時間、加工時間0.1時間/個、賃率5000円/時間

図 5-6 ▶ 生産ロット数と製品原価の関係（全部原価計算）

段取費込みの製品原価と生産ロットの関係

製品原価 = 材料費 + 賃率 ×(加工時間 + 段取り時間 / 生産ロット数)

◆ 事例：製造装置メーカーの MRP 方式での部品発注

製造装置メーカーのX社は、数年前から設計者が部品の共通化を進めていたが、製品原価がなかなか下がらなかった。

製品原価が下がらない原因を調べてみると、せっかく複数の製品間で部品を共通化しても、購買部門が部品を発注する単位が「製造ロット単位（製番単位）」なのが原因だとわかった。

その結果、せっかく部品を共通化しても、1回当たりの部品の発注数は全く増えず、部品価格も下がっていなかった。その後、X社は発注方式を、生産計画をもとに複数の製造ロットに使う部品をまとめて発注する「**所要量計画方式（MPR 方式）**」に変え、部品の大幅なコストダウンに成功した。

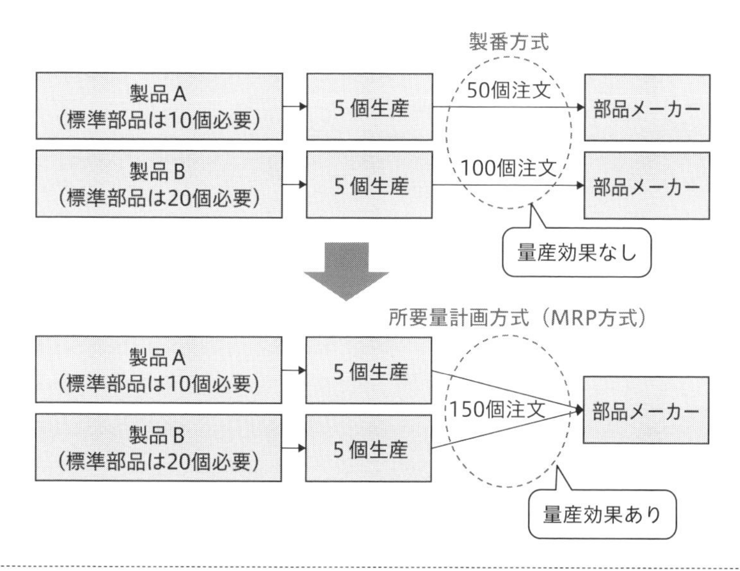

図 5-7 ▶ 製造ロット単位の発注から所要量計画方式での発注に変えてコストダウン

5-3 取引先企業の製品を分解して「提案営業」のアイデアを探す

取引先企業を訪問しても、営業トークだけでは、なかなか受注につながらないときは「取引先の製品」を分解調査し、自社の技術をアピールできるポイントを見つける。その結果を提案書にまとめて、取引先企業に提案営業を行い、受注後に製品を開発する。

この方法では、受注数が増えるだけでなく、顧客ニーズを確認しながら製品開発を行えるので、無駄に開発費（固定費）を増やさずに限界利益を上げられる。

ポイント64 製品を分解・調査して提案営業を行う

アピールポイントの例
- 機能改善案（付加価値アップ）
- 追加機能案（新たな付加価値の追加）
- コストダウン案（設計内容の見直し、作り方の変更）

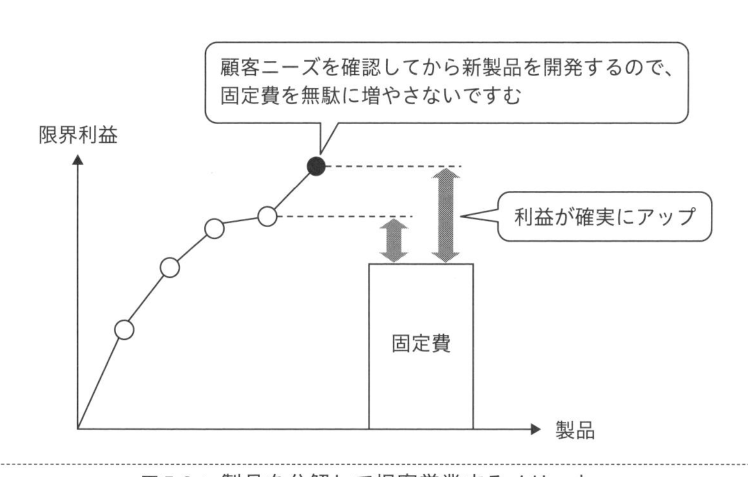

図 5-8 ▶ 製品を分解して提案営業するメリット

◆ **事例：金属シャフトメーカーの提案営業**

X社は産業機械用の金属シャフトを複合旋盤で加工しているが、市場のシェアが低く、売上も伸び悩んでいた。

そこで、X社は新規顧客を開拓するため「印刷機器、搬送機器」などを買ってきて分解し、そこに使われているシャフトを調査した。

「自社より優れた部品」についてはその部品から技術を学び、「自社で作ったらもっと高品質・低コストにできる部品」については、自社で類似品を試作し、**顧客企業に提案営業**を行った。

その成果は徐々に出てきて、昨年度は数件の新規顧客の開拓に成功し、売上高が30%アップした。

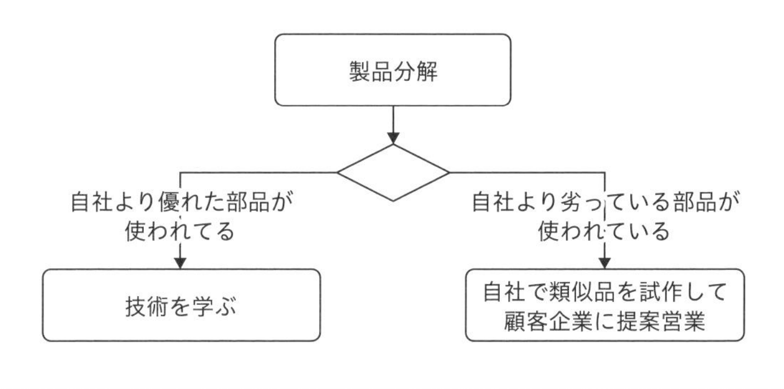

図5-9 ▶ 分解調査で市場開拓

5-4 競合製品を分解して「自社製品の付加価値」を上げる

競合製品を分解調査する「ティアダウン」は、組立作業とは逆の「分解作業」なので「リバース・エンジニアリング」とも言われる。

ティアダウンは「真似をするための手段」ではなく、「**自社の新製品に他社製品より高い付加価値を持たせるための手段**」になる。

自動車メーカーなどの多くの企業では、競合企業が新製品を売り出すとその製品をすぐに買ってくる。設計・製造・購買・営業のメンバーが集まり、買ってきた競合製品を「ティアダウン専用の部屋」の中で分解・調査する。自動車メーカーでは、分解した部品を部品メーカーにも渡し、部品メーカーではさらに分解調査が続いていく。

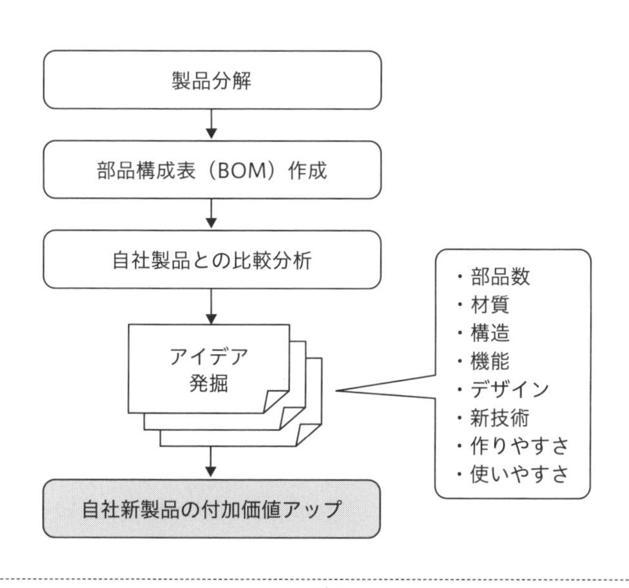

図 5-10 ▶ ティアダウンの進め方

ティアダウンが違法行為にならないよう注意する

ティアダウンを行うときには、それが違法行為にならないように注意するのが重要。ただし、違法を恐れてティアダウンを行わないと、市場での競争に負ける。なぜなら、他社はあなたの製品をティアダウンしているから。

ティアダウンの適法・違法の境目

① 正規ルートで入手した製品を分解・分析するのは合法

たとえば家電量販店でプリンタを買い、それを分解して技術的なノウハウを得るのは合法。

② 特許を侵害するのは違法

製品を分解して、他社の特許を侵害する自社製品を開発し、利益を得た場合は違法（知財権侵害）。

③ 不正に持ち出して分解・分析するのは違法

他社の試作品などを不正に持ち出し、分解して情報を得るのは違法（営業秘密侵害）。

④ 売買契約違反は違法

製品の売買契約でティアダウンを禁止しているのに、分解を行うのは違法　（他社が買った製品を横流ししてもらうときに注意）。

◆ 事例：精密機械メーカーのティアダウンルーム

精密機械メーカーのX社は、ティアダウンで分解した製品を、工場の隅にある「倉庫を改造した部屋」に展示していた。しかし、設計者はわざわざ工場の隅まで製品を見に行かないので、設計の役には立っていなかった。

そこで、X社は展示場を「設計者が自室からトイレに行く途中にある会議室」に移した。

そこに今まで分解した製品の全てを展示・保管し、いつでも誰でも触れられるようにした。さらに部屋のドアは開けっ放しにして会議テーブルを置き、他社製品を手に取りながら、自由にアイデア会議を行えるようにした。

その結果、ティアダウンルームの中では、常に設計者が集まって、他社の部品を手に取ってアイデアを出し合うようになり、新製品の付加価値アップは劇的に進んだ。しかも、3か月ほどたつと、設計者だけでなく、製造部門、購買部門、営業部門も話し合いに参加するようになった。

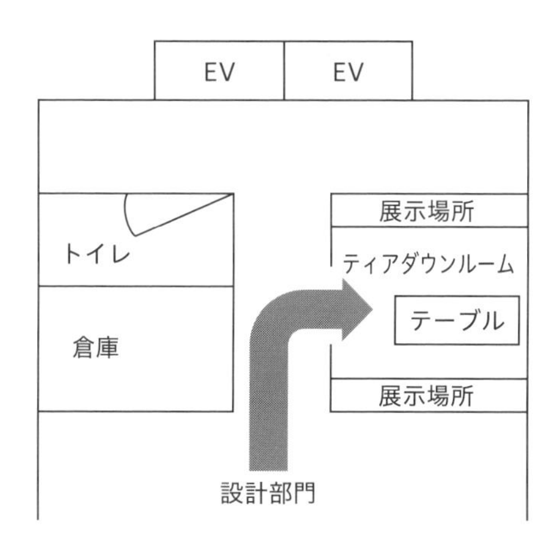

図 5-11 ▶ ティアダウンルームの場所

5-5 「顧客ニーズ」を掘り起こして高付加価値製品を開発する

顧客との会話の中で「顧客の顕在ニーズ（気づいているニーズ）と潜在ニーズ（気づいていないニーズ）」を探り出し、他社がまだ製品化していない製品を提案することで、高付加価値製品の開発が可能になる。

この提案活動によって、企業を「受け身型（下請け体質）」から「提案型」に変えることができる。

顧客訪問を行う際の注意事項

① **何を聞きたいかを明確にしておく**

訪問前に、具体的に何を聞きたいのかを整理しておく。ただし、顧客との会話では、できるだけ相手のペースで話してもらう。

② **自社製品と顧客企業の製品を理解しておく**

訪問前に、自社製品、顧客製品、周辺技術を理解しておく。顧客がどんなニーズを抱えているのかを聞き出すには、顧客が何を言っているかを、その場で理解できる知識が必要。場合によっては設計者に同行してもらう。

③ **提案内容を明確にしておく**

訪問時に、提案する商品やサービスがすでに決まっている場合は、試作品や提案書をあらかじめ用意しておく。場合によっては技術的な説明をするために設計者にも同行してもらう。

◆ 事例：建材メーカーの設計者が同行しての顧客企業訪問

建材メーカーのX社は、以前は、営業メンバーだけで顧客企業を訪問してニーズを聞き出し、それを帰社後に設計者に伝えていた。

しかし、それでは顧客も気付いていない「潜在ニーズ」を聞き出すのは難しかった。また、顧客が既に気付いている「顕在ニーズ」についても、営業だけでは「わが社ではこのようにできます」といったその場での対応が難しく、なかなか新規受注につながらなかった。

そこでX社は、昨年からは、常に設計者が営業メンバーに同行し、顧客企業のニーズを聞き出したり、自社の新商品アイデアの提案説明を行うようにした。

その結果、受注数は飛躍的に伸びた。設計部門はかなり忙しくなったが、それでも効果があまりにも大きいので、顧客訪問への設計者同行は続け、来年以降の設計者増員を進めている。

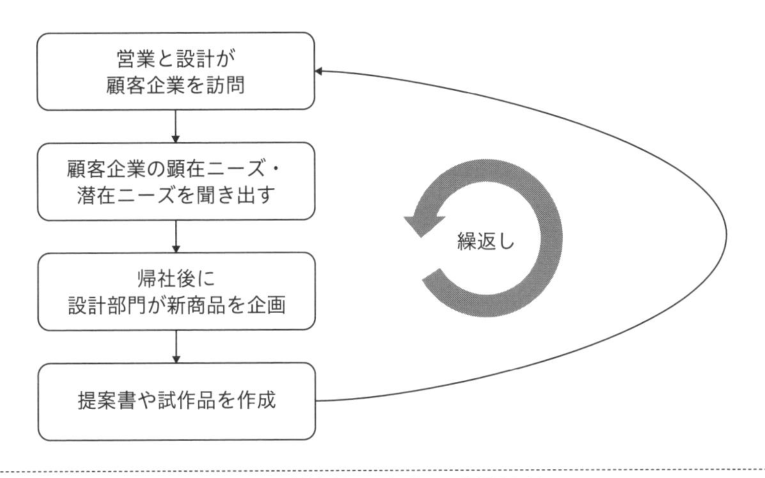

図 5-12 ▶ 新商品アイデアの提案方法

◆ **事例：金属バルブメーカーの一貫生産**

A社は20年前から「複合旋盤を使った金属バルブの加工」を行っているが、近年は顧客からの値引き要求が多く、業績は低迷していた。

しかし、3年前に社長が先代から長男に代替わりしたのを機会に、新社長の顧客訪問時に「顧客企業自身で行っていた組立工程（A社の後工程）」もA社で引き受けることを説得し続けた。その結果、顧客企業もそのメリットに納得し、A社が加工から組立までを一貫して行うことになった。現在ではA社は組立工場を新設して売上高は倍増している。

顧客企業のメリット
- 顧客企業から部品工場（A社）への部品発注業務がなくなる
- 部品工場から組立工場（顧客企業）への輸送コストがなくなる
- 組立工場で見つかった不良への原因調査と対策が迅速化
- 部品加工から組立までの一気通貫の生産管理で在庫を圧縮できる

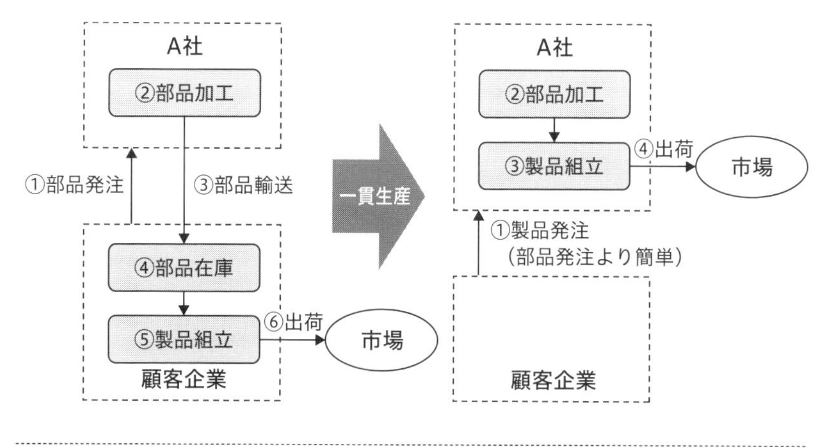

図5-13 ▶ 金属バルブメーカーの一貫生産

5-6 「アフターサービス」で顧客ニーズを掘り起こす

受注生産型企業に有効な高付加価値戦略に「アフターサービス」がある。

製品を売った後のアフターサービスで顧客がその製品の使い方に慣れ、信頼も得る。その結果、リピート受注につながり、設計の手間がかからないので自社の固定費（開発費）を節約できる。

さらに、お客へのアフターサービスの中で、お客から新たなニーズを聞き出すことで、そのニーズを盛り込んだ高付加価値製品の開発もできる。

アフターサービスのメリット

① 顧客の信頼を得るので、他社が参入しにくい

② 顧客以上に製品の使い方を知り、他社が参入しにくい

③ リピート注文が多いので、開発費が少なくてすむ

④ 顧客から新しいニーズを聞き出し、高付加価値製品を開発できる

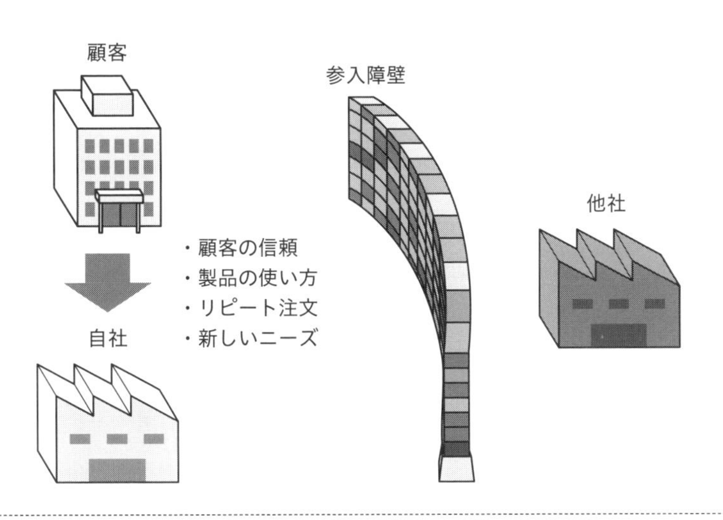

図 5-14 ▶ アフターサービスが他社への参入障壁になる

◆ **事例：水処理プラント企業の高付加価値戦略**

水処理プラントの「設計・加工・組立・設置・動作確認・メンテナンス」を行っているA社は、社員50人の中小企業だが、固定客を大阪・名古屋・東京・北海道と幅広く持っている高収益企業だ。

A社では自社が設置したプラントに「定期的な部品交換」などのメンテナンスを行っているので「プラントが使われる環境」を顧客以上に熟知している。それが他社への「**参入障壁**」になり、A社の「高付加価値経営」につながっている。

また、A社は1年間に30件程度のプラント設計を、設計者10人だけで行っている。これが可能なのは、A社のプラントの信頼性に満足している「固定客」からの注文が多く、プラントの仕様は旧製品の一部改良が多いので「**流用設計**」が可能なためだ。

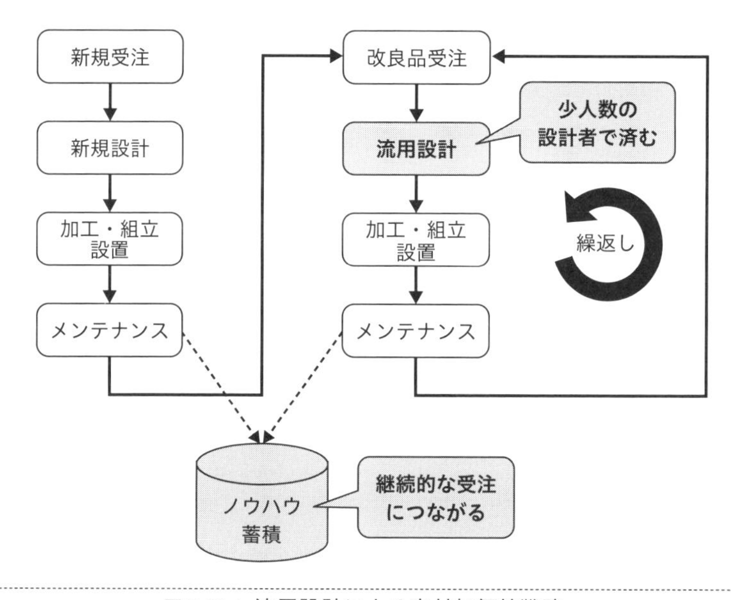

図5-15 ▶ 流用設計による高付加価値戦略

5-7 「社員参加型の製品開発」で企業を活性化する

企業の限界利益を増やすには、継続的な製品開発が重要になる。しかし、新製品のアイデア出しを経営幹部だけで行っていると、アイデアが次第に枯渇する。

そんな企業では、社員から「新製品のアイデア」を日常的に募集するのが有効。そもそも、製品については経営幹部より社員の方が知っている。なお、社員から新製品のアイデアを継続的に集めるには、アイデアを集めるための「**仕組みづくり**」と、社員の「アイデアを出す**モチベーションの維持**」が重要。

社員のアイデアを発掘するステップ

① 「社員のアイデアを採用する」という経営方針を社員に説明する
② 社員がアイデアを自由に書きこむアイデア用紙をつくる
③ 社員がいつでもアイデアを投稿できる箱を休憩室などに設置する
④ 出たアイデアを掲示板に貼って社員を刺激する
⑤ 経営会議でアイデアの中から試作するものを選ぶ
⑥ 試作が完了したら経営会議で製品化の可否を決める
⑦ アイデアを出した社員に表彰・報酬で報いる

アイデア用紙は、「提案者氏名、提案日、タイトル」以外は空白にして、手書きの文字や絵も描ける「自由記述形式」にした方がアイデアが出やすい。社員が集まって自由にアイデアを出し合う「ブレーンストーミングの場」を作るのも有効。

◆ **事例：紙箱メーカーの新製品提案制度**

X社は「顧客企業から支給されたデザイン画」をもとに紙製パッケージを「印刷・トムソン加工（プレス抜き）・貼り」の工程で生産している。

主な製品は食品のギフト用紙箱。しかし「顧客企業が決めたデザイン」で生産して、ギフトの販売は顧客企業が行うので、自社の付加価値は少なく、競合企業との価格競争にも巻き込まれ、業績は長年低迷していた。

そんな状況を打開するため、X社は社員への「**新製品のアイデア募集**」を始めた。その結果、社員1人当たり3件以上のアイデアが出て、選ばれた「フラワーボックス、メガネボックス、ジュエリーボックス」などの自社製品の販売を、自社のホームページ上で始めている。

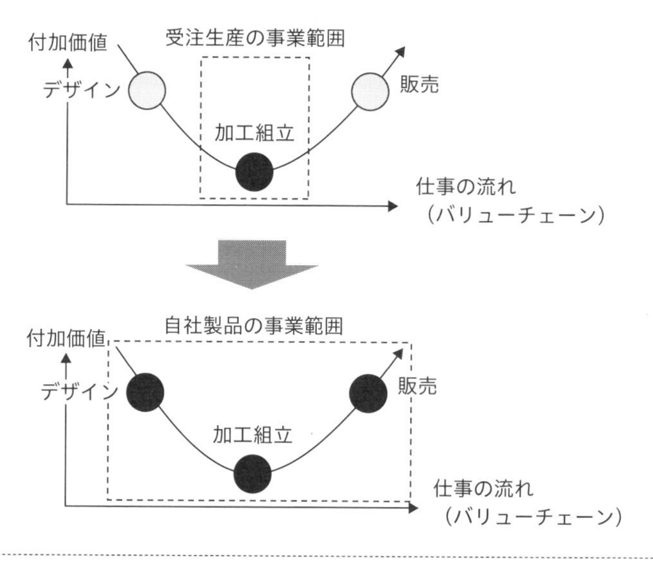

図5-16 ▶ 自社製品で高付加価値工程を取り込む

5-8 技術者の「タコつぼ化」が企業の成長を阻害する

技術の世界では、研究が進めば進むほど、技術者は自分の専門分野以外には興味を持たない「視野狭窄（しやきょうさく）」の状態になる。

これを技術者の「**タコつぼ化**」という。

専門化が進むのは、足元はこれでよいかもしれない。しかし、5年、10年先には「要求される専門性」が変わっていくので、企業の開発力は低下し、開発した製品の付加価値も落ちていく。

この問題の最も厄介な点は、技術者にとって「タコつぼ」は**居心地が良いこと**。

そんな状態に陥るのを防ぐには、競合製品分析、工場見学、異分野との交流などで「タコつぼを出て外の世界を見る」ことが重要。

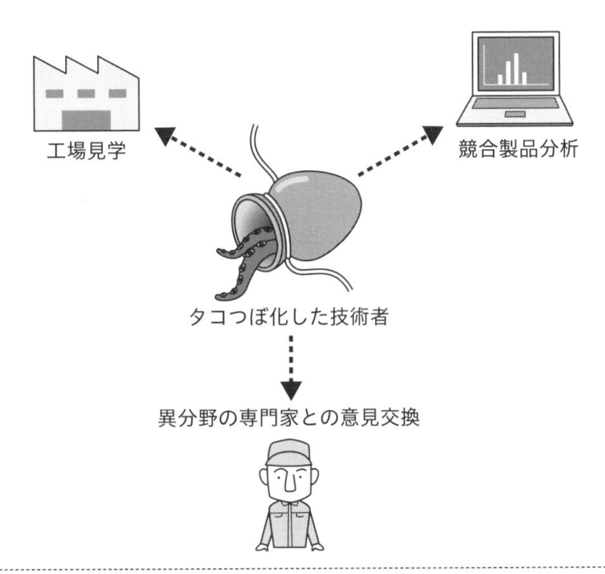

図5-17 ▶ 技術者の「タコつぼ化」を防ぐ

技術者のタコつぼ化を防ぐには様々な方法がある

「タコつぼ化」を防ぐには様々な方法があるので、自社に合った方法を選ぶ。

① **他社製品の分解調査**
他社製品を分解調査し「外の世界の技術」に触れる。

② **購買の部品メーカー訪問に同行して部品工場を見る**
モノづくりの現場で、自分たちが使っている部品がどうやって作られているかを知ると、新しいアイデアが出る。

③ **営業の顧客訪問に同行する**
市場で「自分たちが設計する製品」がどのように使われるかを知ると、新しいアイデアが出る。

④ **チームでの意見交換**
異なる分野の専門家が集まって、互いに意見交換すると、自分の専門分野以外にも興味を持つようになる。

⑤ **部外者による評価**
設計・営業・製造などの他部門に設計内容を評価してもらうと（デザイン・レビュー）、設計者が見落としていた問題点に気づく。

⑥ **マルチファンクショナルチーム**
異なる分野の専門家が集まり、チームで製品開発を進めると、様々な技術や考え方に触れられる。

⑦ **物理的な垣根を低くする**
部門間の空間的な距離を近づけたり、いくつかの部門を集めた大部屋を作ることで、お互いのコミュニケーションが活発になる。

⑧ **社外研修に参加する**
複数の企業が参加する研修に参加すると、他社の文化や技術に触れたり、社外人脈ができる。

◆ 事例：製造装置メーカーのカラクリ調査

製造装置メーカーのX社は、自社製品が市場を独占しているので、競合製品を買ってきて分解調査するのは事実上不可能だった。

そのため、どうしてもX社の技術者は、自社技術や自社製品しか知らない「タコつぼ化」に陥りがちだった。

そんな「タコつぼ化」を防ぐため、X社では市販のプリンターなどの精密機械を買ってきて、「メカ設計、エレキ設計、ソフト設計、生産技術」などの異なる分野の技術者を４人程度集めたチームを複数つくり、製品を分解調査して他業種の技術に触れる研修を「自社の研修制度」に組み込んでいる。

製品を調査するときには、単にバラバラにするのではなく、中のユニットが動く状態を維持することで、製品のカラクリがわかるように分解する。そのためにチーム内で分解方法を相談しながら作業を進める。その結果、他業種の技術に触れるだけでなく、異なる分野の**技術者同士のコミュニケーションも活発になっている**。

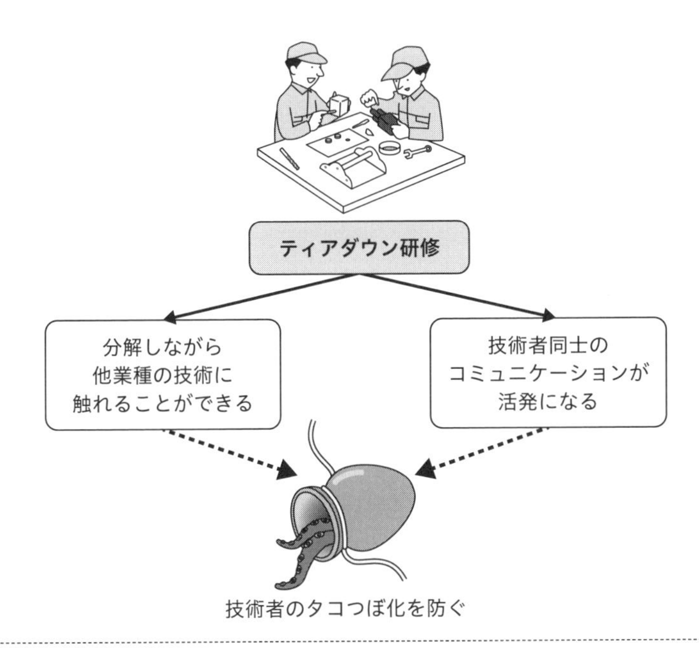

図5-18 ▶ ティアダウン研修でタコつぼ化を防ぐ

5-9 「サイロ化」で組織をまたいだ知恵が出なくなる

企業が大きくなり、組織の壁が厚くなってくると、「組織をまたいだ知恵」を使った製品開発ができなくなる。その結果、開発競争に負けていくケースは非常に多い。

このような組織間の壁が厚くなり、中にいる社員が組織の外を見なくなる現象を「**サイロ化**」という。家畜の飼料を入れるサイロには窓がなく、サイロは飼料毎に独立し、その中にいるとまわりの様子が見えないのでこの名前が付いた。

サイロ化の恐ろしいところは、「タコつぼ化」と同じようにサイロの中は居心地が良いところ。

特にサイロの中のリーダーにとっては、**サイロ内での権限が絶大**になるので、サイロの壁を守って権限を維持したくなるのが、タコつぼ化よりも恐ろしいところ。

サイロ化

ポイント 67 サイロの壁を崩す

◆ プロジェクト・チーム

複数の縦割り組織をまたいだプロジェクト・チーム(マトリックス組織)で新製品を開発してサイロの壁を崩す。自動車・家電・精密機器メーカーではマトリックス組織で製品を開発している。

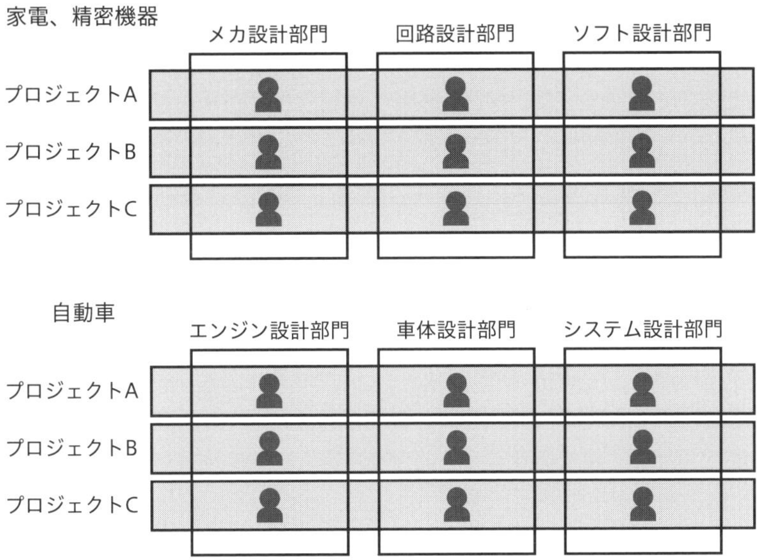

家電、精密機器

	メカ設計部門	回路設計部門	ソフト設計部門
プロジェクトA			
プロジェクトB			
プロジェクトC			

自動車

	エンジン設計部門	車体設計部門	システム設計部門
プロジェクトA			
プロジェクトB			
プロジェクトC			

図 5-19 ▶ プロジェクトチームで「サイロ化」を防ぐ

◆ ジョブ・ローテーション

各社員が他の部門での経験を積んで、他部門の知り合いを多く持つことで、サイロに閉じこもらなくなる。

◆ クロスファンクショナル研修

新人教育などの社員研修で、設計者が工場や営業部門で実習をする。配属先以外との人脈を作れるので、配属後にサイロに閉じこもることがなくなる。

◆ **事例：経理部門のサイロ化**

サイロ化で最も多いケースは「経理部門のサイロ化」。

経理部門がサイロ化する原因
- 他部門との仕事のつながりが少ない（と思っている）
- 経理部門の仕事は外から分かりにくい
  言語が特殊で「貸借対照表（たいしゃくたいしょうひょう）」などは普通の社員は読めなく、とっつきにくい。

経理部門と他部門との関係が薄くても、生産性への影響は少ないと考え、「経理部門のサイロ化」を放置している企業が多い。

しかし、経理部門の最大の任務は「決算書作成」ではなく「経営分析」。経理部門は関係部門と協力して経営分析を行い、その結果を社長に報告するのが重要な役目。経理部門は今すぐサイロから飛び出して、設計、製造、営業部門と共同で経営分析を始めるべき。

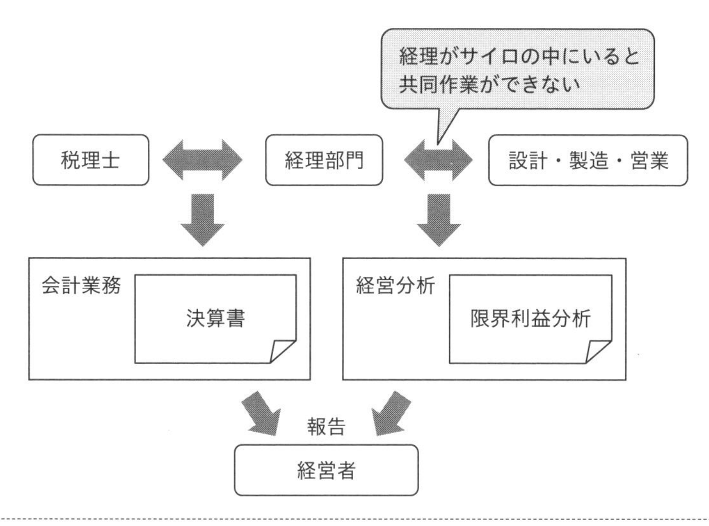

図 5-20 ▶ 経理部門はサイロから出て経営分析を行う

◆ 事例：設計と製造間のサイロ化

産業機械などを設計・加工しているＸ社では、50ｍしか離れていない場所に設計事務所と工場が別棟で建っている。設計者の平均年齢は30歳なのに対して製造部門は50歳なので、かなりの年齢差がある。

ある日、設計課長のＡ氏（40歳）が部下のＢ氏（25歳）に、「この設計変更は工場のＣ氏（50歳）に説明しましたか？」と聞くと、「まだです」という返事だった。Ａ氏がその理由を聞くと「Ｃ氏はいつも忙しそうで、ちょっと怖いのでなかなか言えません」という返事だった。そんなことが原因で、設計変更が発生すると納期遅れが頻発していた。

調べてみると、Ｘ社のほとんどの設計者は、入社以来、製造現場に行くことが少なく、製造現場の人たちと会話をした経験もなかった。

そこでＸ社の社長は、次年度からは設計者の新人研修に１か月間の現場実習を組み込むようにした。さらに、30歳になったら受ける中間管理職研修は設計と製造のメンバーが一緒に受けるようにした。その結果、設計と製造の壁が徐々に薄くなり、今では設計変更を持って行きやすくなっただけでなく、製造からの改善提案による設計変更も始まっている。

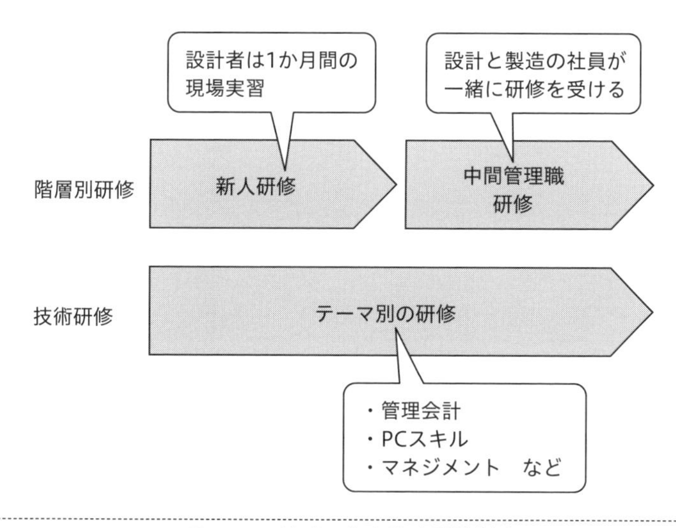

図5-21 ▶ サイロ化を防ぐ研修制度

第6章

スキルアップで付加価値を生み出す

実践編

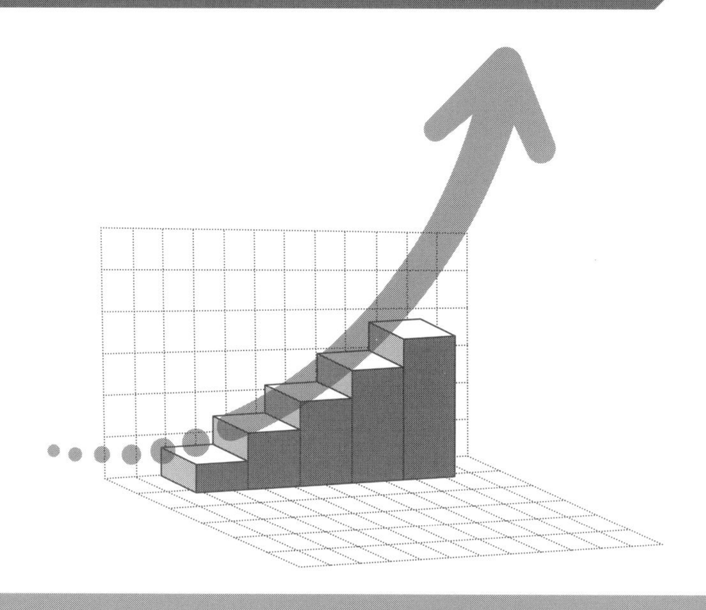

6-1 社外研修だけに頼らずに7ステップでスキルアップ

多くの企業では、外部の研修機関のパンフレットを見て、「この研修はうちに合っているね！」といった感じで、社員を研修に行かせている。

しかし、社外研修は不特定多数の企業向けなので「**社員に必要なスキルとのミスマッチ**」が非常に多く、研修費の無駄遣いになるケースが多い。

社員のスキルアップは、以下の７ステップで行うべき。社外研修はこの中のステップ⑥のひとつの選択肢にすぎない。

社員のスキルアップの７ステップ

① 自社の付加価値を明らかにする
② 付加価値を生むために「社員に求める能力」を明らかにする
③ 各社員が持っている能力を把握する（スキルマップ作り）
④ 各社員の「目標能力」を設定する（スキルマップに目標を追加）
⑤ 社員毎の「育成計画」をつくる（能力開発シート作り）
⑥ 育成の実施（OJT、社内教育、社外研修）
⑦ 定期的に育成状況を確認する（能力開発シート）

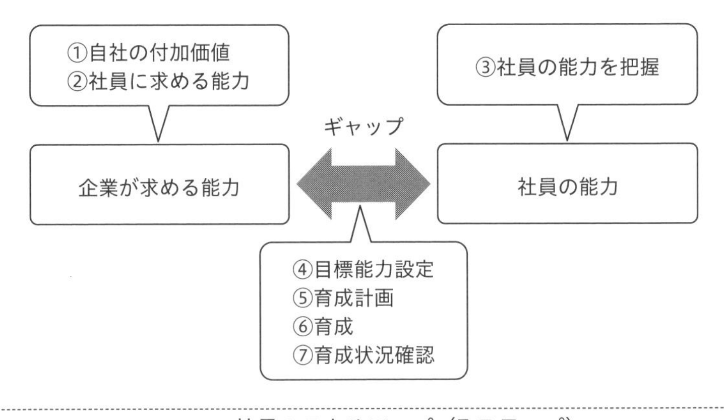

図 6-1 ▶ 社員のスキルアップ（7 ステップ）

表 6-1 ▶ 目標付きスキルマップ

3：人に教えられる
2：簡単なことならできる
1：できない

部門	技術テーマ	教育者	達成期限	設計		製造	
				堀口	河野	町田	林
設計	構造解析	小泉	2025/12/31	5	1 → 3	1	1
	3D-CAD 設計	小泉	2025/12/31	2 → 3	3	1 → 2	1 → 2
製造	マシニングセンタ加工	鈴木	2025/12/31	1	1	3	2 → 3
	フライス盤加工	鈴木	2025/12/31	1	1	3	3
	製品 A の組立	鈴木	2025/12/31	1	1	1 → 3	3
	製品 B の組立	鈴木	2025/12/31	1	1	3	3

堀口氏は 3D-CAD 設計の能力を 2025 年 12 月 31 日までに
小泉課長の指導でレベル 2 から 3 に上げる

表 6-2 ▶ 能力開発シート

大区分	区分	内容
目標	氏名（能力をアップする人）	堀口敬
目標	所属	設計
目標	目標設定日	2025 年 1 月 1 日
目標	達成期限	2025 年 12 月 31 日
目標	テーマ（スキルマップから）	3D-CAD 設計
目標	現状点数→目標点数	2 → 3
目標	具体的な達成目標	部品数が 100 点の製品設計を誰にも助けてもらわず 5 日以内にできる
目標	指導者	小泉課長
目標	達成方法	・部品数 5 点程度の製品から始める ・徐々に複雑な製品に取り組む
実績	実績記入日	
実績	実績点数	
実績	ふりかえり	

◆ 事例：建築用鉄骨メーカーの人材育成

A社は建築用鉄骨の製造を「設計→原寸図（実物大の図面）作成→機械加工→組立（仮溶接）→溶接→塗装」の順に行っている。

A社は、以前は社員100人が6部門に分かれ、各作業者は1つの工程の作業だけを専門的に行っていた。しかし、建築用鉄骨は受注した製品毎に「各工程に必要な工数」が大きく違う。そのため、忙しい工程とヒマな工程が製品ごとに入れ替わり、その都度ヒマな作業者が発生するので、工場の稼働率が上がらないのが悩みのタネだった。

A社はそういった状況を改善するため、「スキルマップと能力開発シート」を活用し、**現場の作業者が多能工になり、だれでも機械加工から溶接までの3工程をこなせるようにした**。

さらに「各作業者が現在どの工程を受け持っているか」を掲示板で見える化し、忙しい工程が発生したら「作業者自身の判断」で応援する仕組みも作った。その結果、A社は稼働率が大幅に向上し、業績も向上している。

2025年12月10日

製品名	機械加工	組立	溶接
A	堀口 中山		
B		山田 加藤	
C			鈴木 橋本

図6-2 ▶ 作業者が現在どの製品のどの工程を行っているかを見える化

6-2 上司のコミュニケーション力が「指示待ち社員」を減らす

付加価値経営に脱皮したい企業にとって、最大の課題は「**指示待ち社員**」の増殖。

指示待ち社員は「言われたこと」しかできないので、自分で考えて付加価値を生み出すことは不得意。企業が付加価値経営へ脱皮するには、この「指示待ち社員」を減らすのが「乗り越えるべき壁」になる。

しかし、指示待ち社員を生む原因の多くは上司側にもある。以下の「やってはいけないこと」の中から当てはまるものを探して、上司自身が変わるのが重要。

上司がやってはいけないこと

① 部下が失敗すると頭ごなしに叱る
② 部下がうまくできても褒めない、評価しない
③ 部下がうまくできないと、自分でやってしまう
④ 部下に雑用ばかりを押し付け、責任ある仕事を任せない
⑤ 部下に仕事をやらせるときに、「目的と背景」を説明しない
⑥ 部下が話しかけにくい雰囲気がある
⑦ 部下が相談してきても「そんなことは自分で考えろ」と突っぱねる
⑧ 部下が相談してくるまで放置し、自分からは話しかけない
⑨ 部下の業務範囲と責任を明らかにしていない
⑩ 部下と情報を共有していない

上司が変わること以外に「指示待ち社員」を減らす仕組み

① **若手社員だけの改善チームをつくる**

中小企業は各職場に若手社員が１～２名しかいないことが多く、若手は疎外感を持ちやすい。そんなときには、複数の職場から若手社員を３～６名集めて改善チームを作り、１週間に１回程度「会社や職場の課題や改善点」を自由に話し合ってもらう。チームにはベテラン社員は入らず、結果報告も求めない。なぜなら、チームを作る目的は「若手の疎外感払拭」だから。

② **目標を自分で設定する**

上司と相談のうえで社員自身が「自分の成長目標」を決め、定期的に自らを評価することで、自己判断や自己責任を促す。ただし、これを目標管理制度（MBO）に組み込むと、会社の目標と個人の目標を無理やり合わせようとするので、「社員自身が考えている成長目標（キャリアアップ）」とずれてくる。

③ **自分流マニュアルを作らせる**

上司から部下に「完成したマニュアル」を渡し「この通りにやりなさい」と言うと、部下はあっという間に「指示待ち社員」になる。上司からはマニュアルの「ひな型」だけを渡し、部下には「自分で気付いたこと」をマニュアルに追加して「自分流マニュアル」を完成させる。

④ **交換ノートやSNSを使う**

指示待ち社員の多くは、上司の前では委縮して無口になり、上司が問い詰めるとますます無口になる。そんなコミュニケーション不足を補うために、社員が「気付きや困ったこと」をキャンパスノートやSNS上に書き込み、上司がコメントする仕組みを作る。

6-3 改善でできた空き時間を使って社員をスキルアップ

「改善活動でムダを減らすと利益が増える」という話をよく聞く。しかし、それは「注文が生産能力を超える大企業の工場」にしか当てはまらない話。

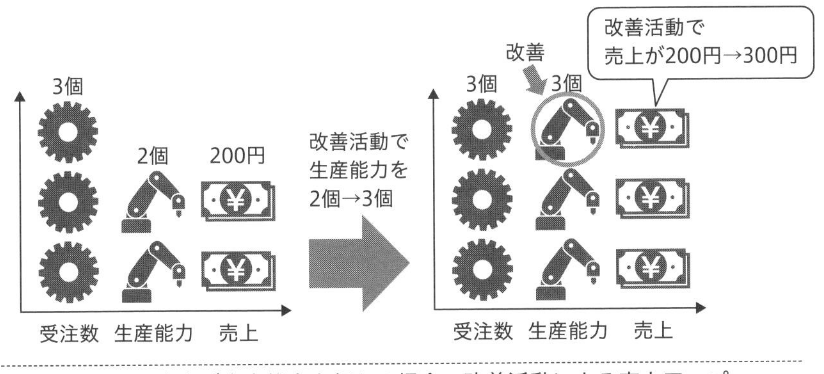

図 6-3 ▶ 注文が生産能力を超える場合の改善活動による売上アップ

「注文が生産能力を下回っている工場」（稼働率60％程度）で現場改善を行っても、**作業者や設備の空き時間（ヒマな時間）が増えるだけで、売上は増えない**。日本の中小製造業のほとんどは、このパターンになる。

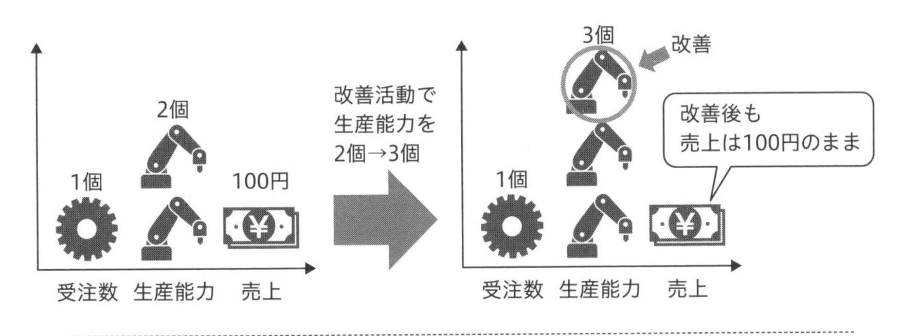

図 6-4 ▶ 注文が生産能力を下回る場合の改善活動では売上は増えない

では、注文が生産能力を下回っている工場での改善活動は意味がないかと言うと、そんなことはない。

この場合は、改善活動でできた空き時間に、「**次年度以降に付加価値を生むネタを育てる**」ことが重要になる。

ポイント 68
改善活動でできた時間を使った社員のスキルアップが次年度以降に付加価値を生む

次年度以降に付加価値を生む活動

① OJT・研修で社員をスキルアップする
② ジョブローテーションで多能工を育成する
③ 営業と一緒に顧客訪問して顧客ニーズを理解する
④ 小集団活動などで部門間のコラボレーションを促す
⑤ 空いた時間に新製品のアイデアを考える
⑥ 空いた時間に新製品の試作を行う
⑦ 自社製品、競合製品の分解調査で視野を広げる
⑧ パソコン研修で事務作業のデジタル化に備える
⑨ 3D-CADの研修で製品開発のデジタル化に備える

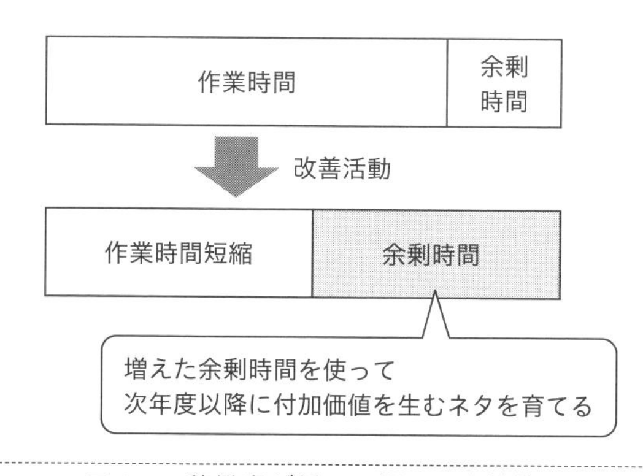

図6-5 ▶ 稼働率が低い工場での改善効果

第7章

製造段階に付加価値を生み出す

実践編

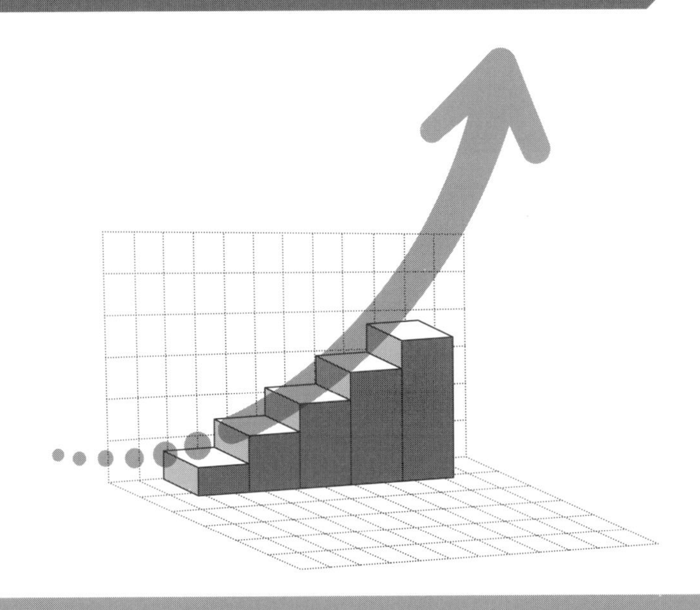

7-1 外注化と内製化は限界利益で比較する

例えば、製品の組立を外注企業に依頼している企業では、その外注費は製品の生産数に比例するので、外注費は変動費になる。このような企業が限界利益を増やすには外注費削減つまり「内製化」が重要になる。

限界利益（付加価値）
=売上高−変動費
=売上高−材料費−外注費

製品を外注化するか内製化するかの「判断基準」について考えてみよう。以下のケースでは外注化した方が製品Cの原価は下がるように見える。

内製化したときの製品原価
=材料費100円+社内加工費200円=300円
外注化したときの製品原価
=材料費100円+外注加工費100円=200円

しかし、実際には、社内加工費は固定費。つまり「外注しようがしまいが発生するコスト」になる。

外注化と内製化の比較をするときは「社内加工費などの固定費」は外して考える。つまり、限界利益で比較する

製品Ｃは内製化した方が外注費という変動費がかからないので、限界利益は大きくなる。

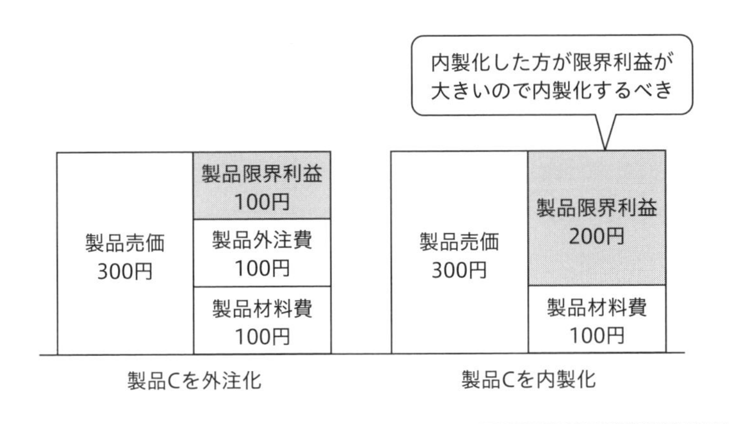

図 7-1 ▶ 内外作と限界利益の関係

さらに、会社全体で見ても製品Ｃは内製化した方が会社の営業利益は大きくなる。

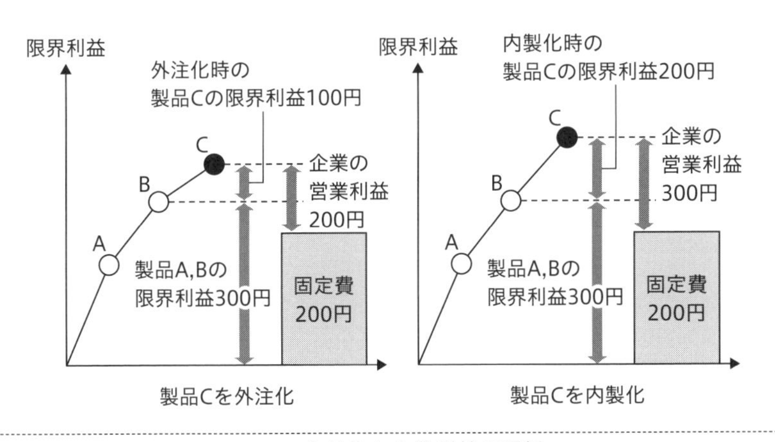

図 7-2 ▶ 内外作と企業利益の関係

ポイント 70 「忙しいので外注化」という判断は危険

外注化の決定は、コスト比較ではなく「工場が忙しくて作れない」といった理由で行うことも多い。

そんなときに、工場の「忙しい！」という言葉だけで判断するのは危険なので、工場の稼働率を調べ、本当に忙しくて作れないかを検証する必要がある。製造業の適正な稼働率は80～85%と言われるが、業種や生産方式で適正値は大きく違うので、自社の過去の稼働率データを指標にする。

稼働率を調べるには、その日（又は月）の生産数と標準加工時間（予想加工時間）で計算するのが一番簡単。

その日の稼働率

＝Σ（製品毎の生産数×製品毎の標準加工時間）

÷（作業者数 ×1 日の労働時間）

例えば作業者1人が1日8時間働いている工場の稼働率は以下のケースでは75%になる。

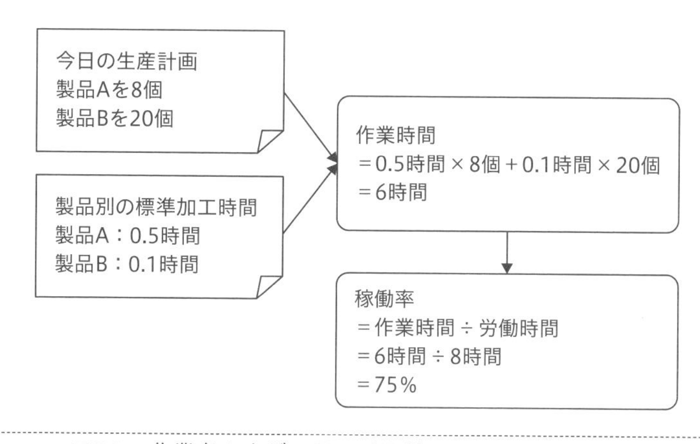

図7-3 ▶ 作業者1人が1日8時間働いている工場の稼働率

◆ 事例：建築鉄骨メーカーの外注化の判断基準

建築用の鉄骨を生産している作業者 20 人の X 社は、工場長が製造課長の意見を聞きながら、忙しくなる月は外注企業に加工を依頼していた。

しかし、それでは製造課長の感覚任せになってしまうので、稼働率で判断を行おうとした。しかし、X 社では作業日報を付けていないので、稼働率がわからなかった。

そこで、工場長は「月産トン数と残業時間の関係」を調査した。

その結果、月産トン数が 300 トンを超えると、1 人当たりの平均残業時間が月 30 時間を超えることがわかった。1 人当たりの残業時間が月 45 時間を超えて働いてもらうのは**労働基準法**上難しいので、月産トン数が 300 トンを超えそうな月は、超えた分を外注化することにした。

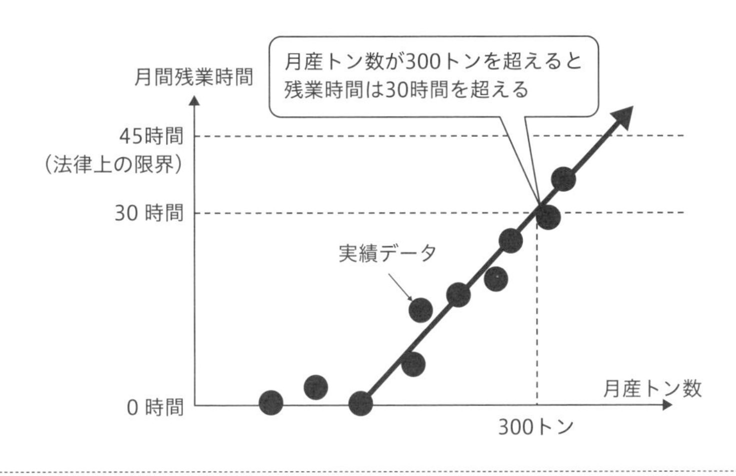

図 7-4 ▶ X 社の月産トン数と平均残業時間の関係

◆ 事例：金属部品メーカーでの標準加工時間の設定

機械用の金属部品を加工しているX社は、以前は工場長が作業者の様子を見て、忙しそうなときは、作業の一部を外注企業に依頼していた。

しかし、ある日工場長が作業者に「本当に忙しいか」と聞くと、「我々はそんなに忙しくないのに外注企業に頼んでいる」という意見だった。そこで、工場長は「見た目」で判断するのではなく、作業者がその日に生産する製品とその標準加工時間をもとに、「忙しさ」を判断するようにした。

しかし、X社は「製品毎の標準加工時間」を決めていなかった。そこで工場長は、作業日報から「製品毎の実績加工時間」を集計し、その中の最短時間を標準時間にした。つまり「**熟練作業者なら加工できる時間**」を標準時間にした。その標準時間で計算すると、工場の稼働率は50%しかなく、今までは外注に出していた作業のほとんどは社内でできることがわかった。

さらに、熟練工の作業時間を標準時間にすることで、一般作業者が「標準時間内に加工する作業方法を熟練工に教わる」といった、全社的な生産性の向上にもつながっている。

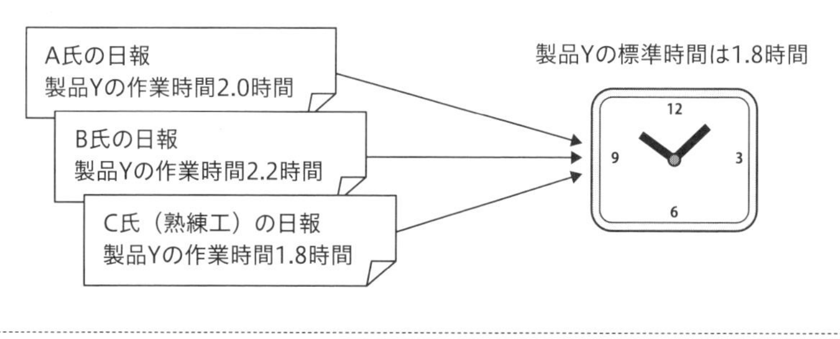

図 7-5 ▶ X 社の製品 Y の標準時間

7-2 昼間の準備作業が「機械の稼働率」を決める

無人加工ができる工作機械（マシニングセンタなど）を使っている工場では、人は段取作業（材料セット、加工プログラム入力）をするだけで、機械が材料を加工している。したがって、機械が動いている時間が長いほど工場の生産高と生産性が上がり、企業の限界利益も増える。

そのため、作業者は夜も機械が動くように、昼間は「機械を夜間に動かすための準備」を確実に行うのが重要になる。

例えば、工作機械は製品を1時間に1個加工でき、製品限界利益は1個1万円とする。昼間だけ加工した場合と、夜間だけ無人加工した場合の生産性は以下のようになる。

・昼間だけ加工

作業者が昼間に2時間の段取り作業、残りの6時間は機械が加工するのを監視すると、生産高は6万円、生産性は2500円／時間（生産可能時間は24時間）。

・夜間だけ加工

作業者が昼間の8時間は段取り作業だけを行い、夜間の16時間は機械が無人で加工すると、生産高は16万円、生産性は6667円／時間。

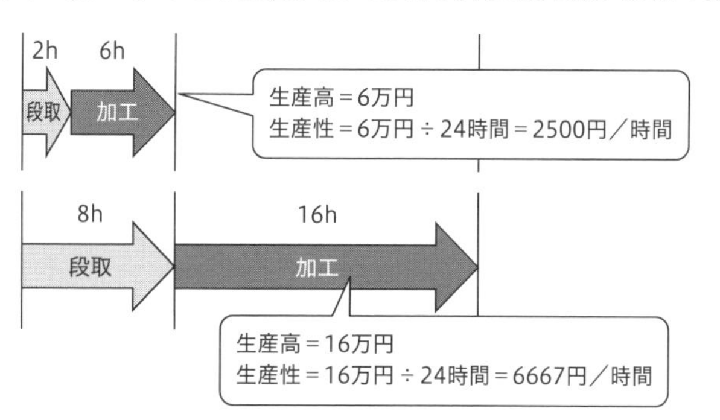

昼間に「夜間の無人運転」を準備する

ただし、この「夜間の無人運転」を行うにはいくつかのハードルがあるので、それを乗り越える必要がある。

夜間の無人運転を行うためのハードル

① 作業者の意識

昼間に加工しないで準備だけを行っていると、仕事をしていないように感じる作業者がいるので、その意識を変える。

② 夜間のトラブルへの心配

夜間の無人加工中の「工具の摩耗、切粉の巻き付き、工具と材料の衝突」などが心配なときは、夜間加工を少しずつ増やして心配を払拭する。

③ CAM の利用

手打ちで夜間用の加工プログラムを工作機械に入力しているので、夜間の加工時間が短くなってしまうときには、設計者が作った3D-CAD データをCAD/CAM 変換して「夜間に長時間加工できるプログラム」を作る。

④ 夜間に複数の製品を加工

製品1個の加工時間が短い企業では、複数のパレット（材料を取り付ける台座）を使うマシニングセンタで、夜間に複数の製品を連続して加工する。

◆ 事例：夜間は無人加工する金属部品メーカーの作業計画書

産業機械用の金属部品をマシニングセンタで加工しているX社では、作業者は昼間は「加工プログラムに間違えがないかを確認しながらの有人加工」、夜間は「無人での加工」を行っている。

しかし、作業者による昼間の有人加工が遅れていると、気がつくと夜間の無人加工の準備（材料のセットとプログラミング）を行う時間がなくなり、夜間の無人加工ができなくなり、設備稼働率と生産性が上がらないのが悩みの種だった。

そこで、X社では「作業者自身」が毎日の作業開始前に、**1日の作業手順を描いた「作業計画」を作り**、決めた時間になったら有人加工は途中でも止め、その続きの加工は明日の昼に行うことにして、「夜間の無人加工」の準備にかかるようにした。

その結果、作業者の意識が変わり、夜間の無人加工時間が大幅に増え、X社の生産性は20%アップした。

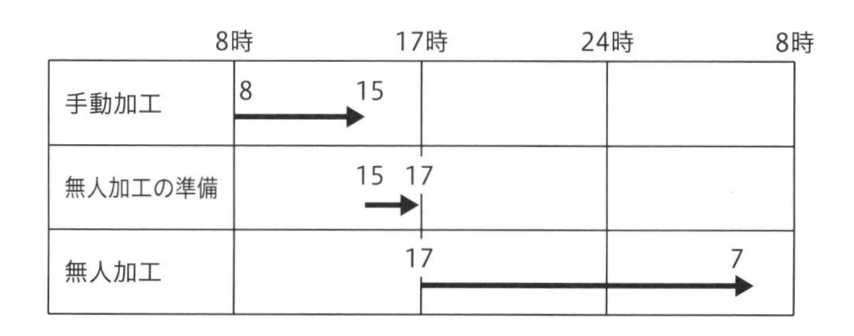

図 7-6 ▶ X 社の作業計画

7-3 「材料歩留り」は限界利益に直結する

「材料費削減」は限界利益のアップに直結する。そのため、多くの企業では、設計から製造までの総力で材料費削減に取り組んでいる。

 製品限界利益＝製品売価－製品材料費

ポイント 72

材料歩留りアップなどによる「材料費削減」は製品限界利益アップに直結する

部門別の材料費削減活動

① 設計：設計段階に材質変更と材料使用量削減（形状変更）
② 設計：製品間での材料の共通化
③ 購買：価格交渉、購入先変更
④ 購買：材料相場下落時に大量買付け
⑤ 製造：材料の歩留りアップ（図 7-7）
⑥ 製造：端材の活用
⑦ 製造：不良ロス削減

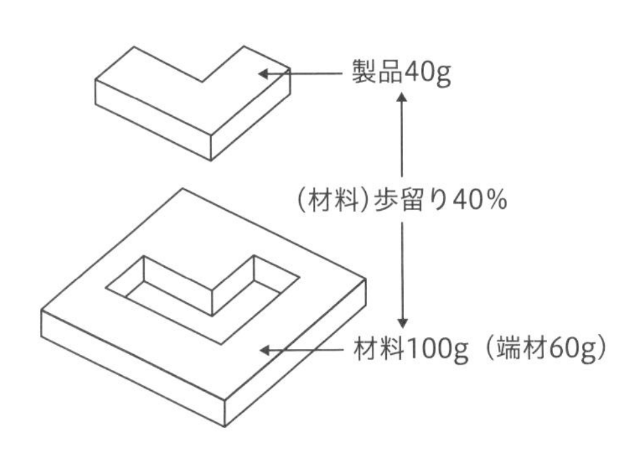

図 7-7 ▶「材料の歩留り」は材料全体に対して製品が占める割合

◆ 事例：鋼板切断メーカーの材料歩留りアップ

A社ではレーザ切断機を使って、標準寸法（定尺）の鋼板から「顧客が要望する形の製品」を切り出している。

A社は「短納期」を自社の付加価値にして、顧客から注文があると、注文された製品を定尺の鋼板からその日に切り出して、翌日には出荷している。そのため、材料の廃棄ロスが多く、端材を活用しても材料歩留りは70％程度だった。しかし、鋼板切断業界は競合メーカーが多く、製品価格は上げられないのに、鋼板価格は毎年上昇し、業績は低迷していた。

そこで、A社は注文品の中には「それほど急がない注文」もあることに目を付け、「それほど急がない注文」については、複数の注文が溜まるまで待って、ネスティングソフトも活用して**まとめてネスティング**（鋼板から複数の部品をまとめて切り出す）するようにした。その結果、材料歩留りを80％に上げることができた。

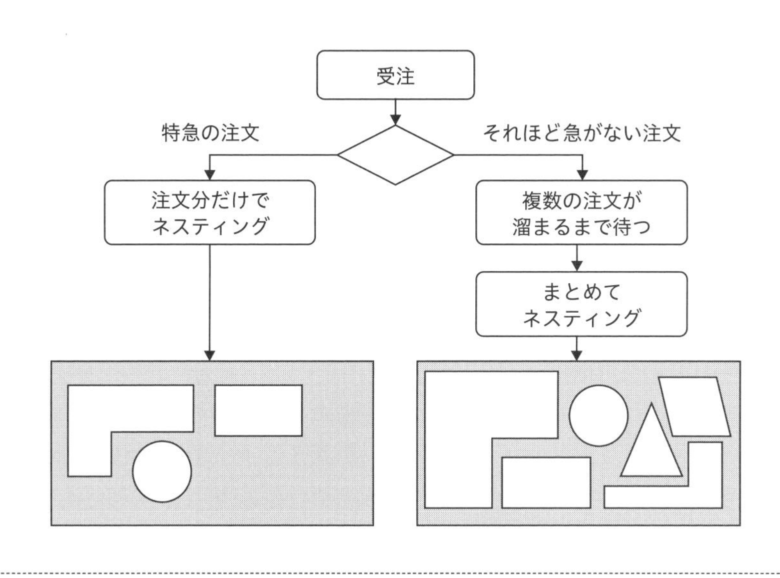

図7-8 ▶ A社のネスティング戦略

7-4 OEMで凌いでいる間に自社製品を開発する

自社の営業力では「工場の生産能力」を使い切れない企業の多くは「生産余力を使ったOEM生産（受託生産）」で限界利益を稼いでいる。委託元が製造業の場合はOEM生産、委託元が流通業者の場合はPB（プライベートブランド）生産という。

自社製品に加えて、追加の設備投資なしでOEM生産すると、製造ラインを効率的に使え、OEM生産で限界利益が増えた分だけ、自社の営業利益も増える。

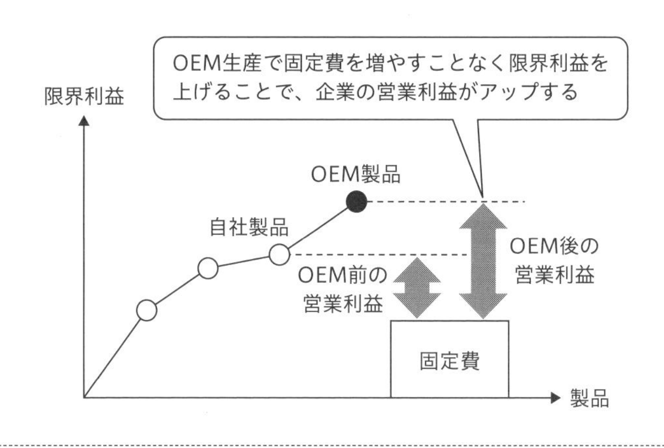

図7-9 ▶ OEM生産で営業利益アップ

ただし、OEM生産は自社ブランド品に比べて限界利益率が低いことが多い。そのため、OEM生産の比率が増え過ぎると、会社は**低付加価値経営**に転落する。また、OEM生産が主力事業になると、自社製品の開発や販売に対するリソースや情熱が失われる。

OEM生産はあくまでも自社製品が育つまでの「**つなぎの戦略**」とし、OEM生産で凌いでいる間に自社製品を開発するのが重要。

OEM 生産は高付加価値生産に移行するまでの「つなぎの戦略」

◆ 事例：新商品の公募を始めた食品メーカー

食品メーカーのX社は、コロナ前は自社製品だけで工場はフル稼働状態だった。しかし、コロナ後は売上が低迷して赤字が3年間続いた。

そこで、X社は去年から大手スーパーのPB生産を始めた。その結果、工場はフル稼働に戻り、PB商品が稼ぐ限界利益分だけ会社の営業利益は増えた。

しかし、限界利益率は自社製品70%に対してPB製品は50%。そのため全製品の平均限界利益率はコロナ前の70%から60%に低下した。

そこで新たに、X社は、コロナ前は行っていなかった「**新商品アイデアの全社員からの公募**」を始めた。その結果、1か月に20件の公募があり、現在は、月に1回の商品企画会議で、提案されたアイデアの中から商品化するものを選んでいる。

今後は、徐々に自社ブランドの新製品とPB製品を入れ替える予定だ。

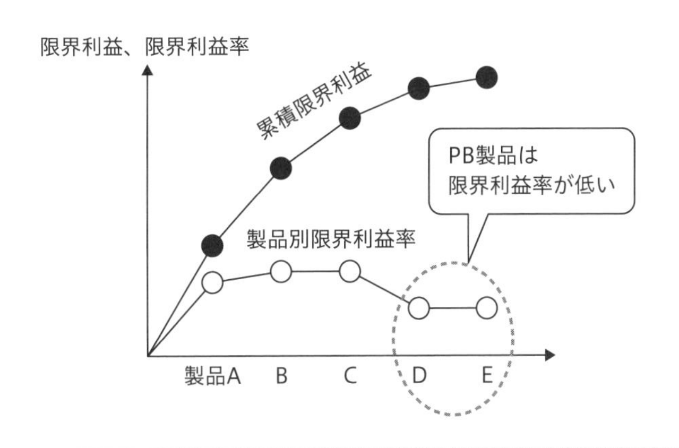

図 7-10 ▶ X 社では PB 製品の限界利益率が低い

7-5 なぜなぜ分析は「だから」でさかのぼる

製品の高品質化は顧客の信頼を得るので、高付加価値化に直結する。そのため、多くの企業では、品質向上のために検査を強化している。しかし、検査は「不良品の発見」と「不良品の流出防止」が目的で、**検査自身には「不良の発生」を防ぐ効果はない**。

不良の発生を防ぐために「**なぜなぜ分析**」を行っている企業が多い。なぜなぜ分析は「なぜ？」をくり返して、「不良発生の根本原因」を見つけ、根本原因に対策を打てば、不良再発は防止できて品質が上がるという考え。ところが、やってみると意外と難しく、以下の注意点がある。

なぜなぜ分析の注意点

・不良内容は具体的に書く

例えば「Xさんは部品の取り付けミスが多い」では不明確、「Xさんは5月1日に製品Aの組立で部品Bを逆に取り付けた」と具体的に書く。

・属人的なことを原因にしない

「Xさんは注意が足りない」では属人的で対策につながらない。「逆にも取り付く部品形状が良くない」といった具体的な形状や仕組みを原因にする。

・対策は形状や仕組みの変更

「部品Bの形状を変えて逆に取り付かないようにする」といった、効果が継続的な対策を行う。

・逆にさかのぼってロジックを確認する

なぜなぜ分析で根本原因が見つかったら、根本原因から「だから」で不良の発生状況まで逆方向にさかのぼり、根本原因と不良発生状況がロジカルにつながっているのを確認する。

表 7-1 ▶ 悪いなぜなぜ分析：原因も対策も属人的

なぜなぜ分析シート	
対象製品	機械 A
発生日	2025 年 12 月 1 日
担当者	堀口敬
不良内容	工場内移動中に機械 A から部品 B が外れた
処置内容	部品 B を付けなおした
なぜなぜ分析	1）機械 A から部品 B が外れた 2）部品 B を止めるボルトが外れていた 3）ボルトの締め付けが緩かった **4）今後は注意しながら締め付ける**
再発防止策	**ボルトを締め付けるときには注意している**

表 7-2 ▶ 良いなぜなぜ分析：原因は具体的、対策は仕組みの見直し

なぜなぜ分析シート	
対象製品	機械 A
発生日	2025 年 12 月 1 日
担当者	堀口敬
不良内容	工場内移動中に機械 A から部品 B が外れた
処置内容	部品 B を付けなおした
なぜなぜ分析	1）機械 A から部品 B が外れた 2）部品 B を止めるボルトが外れていた 3）ボルトの締め付けが緩かった **4）締め付け工具を間違って選んでいた** **5）ボルトと締め付け工具の対応表がなかった**
再発防止策	**ボルトと締め付け工具の対応表をつくり現場に掲示する**
効果確認	**定期的な締結部検査で不良は発生していない**

良いなぜなぜ分析シートを使って「逆にさかのぼる」を試すと、
「工具の対応表がなかった」 だから 「工具を間違って選んだ」 だから「ボルトの締め付けが緩かった」 だから 「ボルトが外れた」 だから「部品が外れた」…うまくさかのぼれる！

ポイント 74 なぜなぜ分析の結果は、逆にさかのぼってロジックを確認する

7-6 ほとんどの日報は今より簡略化できる

多くの工場では作業者が作業日報を書いているが、日報を書く目的は5つある。

しかし、このなかで企業の限界利益アップにつながる日報は、「①作業分析、②進捗管理」の2つだけ。これ以外は限界利益アップとは無関係の「単なる管理」になる。

日報作成の目的で限界利益アップにつながるのは「作業分析」と「進捗管理」だけ

日報を書く目的

① 作業分析

改善したい作業に対して「作業工程毎の作業時間」を記録し、修正すべき作業を見つけて改善し、作業時間を短縮する。

② 進捗管理

工程毎の製品加工の進み具合を日報データで確認し、遅れていれば計画変更、作業応援などの対策を行う。

③ 作業者の評価

年末に日報から「作業者毎の生産数」を集計し、作業者評価の参考にする。

④ トレーサビリティ

主に食品会社で使う。食品事故が生じたときに、食品や原料の使用履歴を日報で調べ、原因究明や商品回収を行う。

⑤ 差異分析

期首に決めた標準加工時間と、期末に「日報で集めた実績加工時間」を比較する。

日報の記入内容と記入頻度は、日報を書く目的によって異なる。
表7-3を参考にして、日報の運用方法を企業毎に決める。

表7-3 ▶ 日報への記入内容や記入頻度

日報作成の目的	毎日書く	作業時間を書く	工程毎に書く
作業分析	×	○	○
	分析する作業だけを日にちを決めて記録する	作業時間を記録し改善点を見つける	作業工程毎に記録する
進捗管理	○	×	○
	毎日、作業の遅れをチェックする		工程毎の進捗状況を見える化する
作業者の評価	○	×	×
	毎日の生産数を記録して評価の参考にする		
トレーサビリティ	○	×	○
	毎日記録する		工程毎の使用材料などを記録する
差異分析	×	○	×
	集計期間を決めて記録する	製品毎の作業時間を記録する	

◆ 事例：内外装パネル企業の作業分析

A社は内外装パネルの組立を行っている。

以前は、各作業者が「パネル1枚毎の組立開始時間・組立終了時間」を紙の日報に書いていた。しかし、それでは、新人が熟練工に比べてパネル1枚の組立が10分程度遅いのはわかっても、「なぜ遅いのか、どうすれば早くなるか？」は全くわからなかった。そのために、日報はたんなる実績集計の道具にすぎず、なんの役にも立っていなかった。

そこで、A社では日程を決めて、新人と熟練工の作業の様子をビデオで撮り、それを工程分析表にまとめた。作業者全員が集まって「工程分析表と2人の動画」を見ながら「新人の作業方法の改善点」を指摘した。

その結果、新人の作業速度は急激に早くなり、工場の生産性も向上した。

表7-4 ▶ A社の工程分析表

	山田（熟練）	鈴木（新人）		
作業	所要時間	所要時間	山田との差	改善点
倉庫から板を運搬	06：29	10：30	04：01	材料倉庫に棚番を付ける
部品集め	00：29	02：30	02：01	部品箱を近くに置く
ドリルで板に穴あけ	05：10	08：05	02：55	穴のあけはじめはドリルの回転速度を落とす
部品をねじ止め	03：40	03：45	00：05	
掃除	01：38	01：39	00：01	
完成した板を運搬	02：35	03：40	01：05	製品倉庫に棚番を付ける
合計	20：01	30：09	10：08	

第8章

短納期対応で付加価値を上げる

実践編

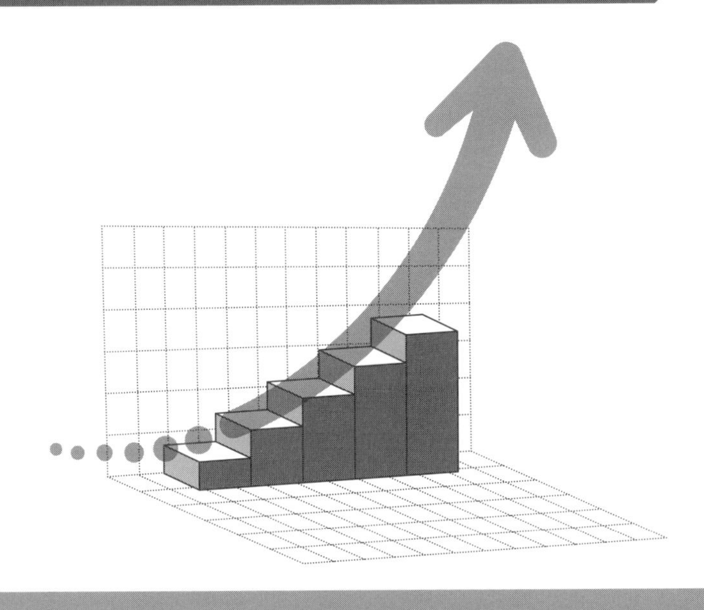

8-1 「短納期化」で限界利益を稼ぐスピードを上げる

製造業にとっての短納期化は、自社だけでなく顧客企業にも大きなメリットがあるので、「売価アップつまり付加価値アップ」につながる。

また、自社内での設計から出荷までのサイクルが早くなるので、「限界利益を稼ぐスピード」が上がり、年間の限界利益が増える。

短納期化のメリット

〈経営面〉

・限界利益を稼ぐサイクルがスピードアップする

〈販売面〉

・短納期対応で製品の付加価値が上がる

・短納期対応で顧客の満足度が上がり継続受注につながる

・短納期対応で販売機会を逃がさない

・顧客からのクレームに対して迅速な対応ができる

〈生産面〉

・短納期化のための生産速度アップで生産効率が上がる

・短納期化のための生産速度アップで工程仕掛品が減る

〈設計面〉

・短納期化のための設計プロセス見直しが進む

〈顧客企業〉

・部品入庫が早くなることで生産効率が上がる

・部品の入庫待ち用の部品在庫を減らせる

ポイント 76 短納期化は初期工程で取り組む

短納期化への取り組みは、「加工速度のアップ」などの製造工程の取り組みも有効だが、初期工程（設計工程）への取り組みはさらに有効。

設計部門の短納期化への取り組み

① **流用設計化**

以前書いた図面を再利用すると、設計期間を大幅に短縮できる。

② **共通ユニット化**

設計段階で共通ユニットを設計し、工場ではあらかじめ共通ユニットを生産しておくと、受注後には専用部品だけの生産ですむので、「受注から出荷までのトータルのリードタイム」を短縮できる。

③ **デジタル化**

CAD/CAM、CAE、3D プリンタの利用で、「受注から出荷までのリードタイム」を短縮できる。

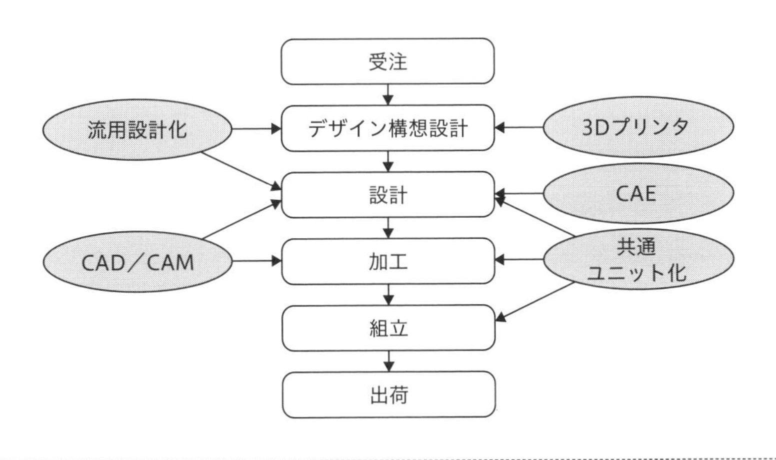

図 8-1 ▶ 短納期化への取り組み

8-2 「流用設計」で設計期間を短縮して設計品質を向上させる

受注してから設計を始める企業では、受注の度に「製品に使う全ての部品」を新規に設計すると、設計期間が長くなり短納期対応が困難になる。

設計期間を縮めるには、以前描いた図面を再利用する「流用設計」が有効。流用設計は「図面を新たに描く時の設計ミス」がないので、設計品質も向上する。

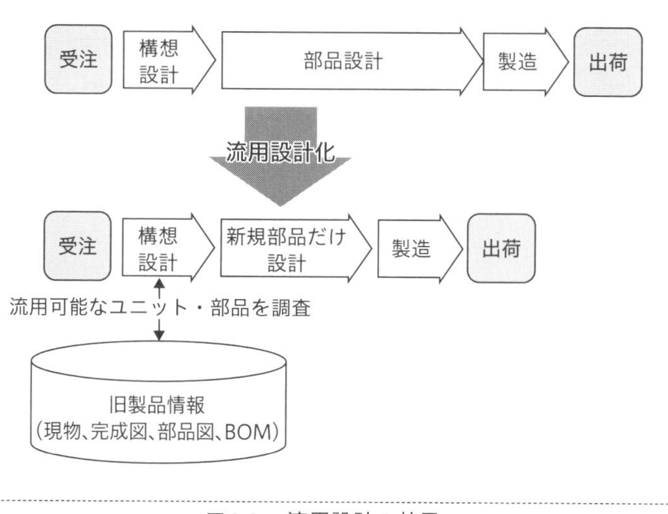

図 8-2 ▶ 流用設計の効果

ポイント 77 流用設計の進め方は企業によって異なる

構想設計が終わってから「さて同じような図面はあるかな？」と探し始めるのは非効率で、簡単には流用可能な図面は見つからない。効率的な流用設計の進め方は、企業のタイプによって異なる。

◆ **量産品を設計（家電製品、精密機器、自動車）**

量産品の設計を行う企業では、部品図面の単位で流用するのではなく、**共通ユニット**をあらかじめ設計し、その組合せで新製品を開発する。この方法では流用設計がまとまって進み、開発期間も大幅に短縮できる。

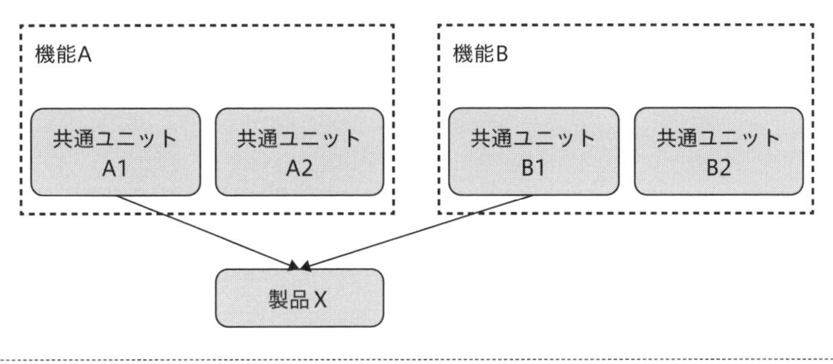

図 8-3 ▶ 共通ユニットによる設計

◆ **受注後に設計（製造設備、産業機械、プラント）**

受注生産型企業では、構想設計段階に流用設計を検討しないで、その後の部品設計段階で「流用できそうな図面」を探すのは、非常に手間がかかり、すでに「設計者の自由度」も下がっているので、流用設計はほぼ不可能になる。

そこで、受注後の構想設計段階に、可能な限り**機能単位で設計**する（モジュール設計）。そうすると、その後に受注した製品の構想設計段階で流用化がしやすくなり、流用化率は徐々に上がっていく。

設計者が流用設計を目標にする

多くの企業では設計者が流用設計に乗り気でないので、なかなか流用設計が進まない。

乗り気でない理由は、設計者は「**図面を描くのが仕事**」と思っているため。企業によっては、管理者が「描いた図面枚数」で設計者を評価しているのも一因になっている。

こういった「悪しき文化」を打破するには、新製品を設計するときに「新規図面枚数の割合は60%以下」といった**数値目標**を決めるのが効果的。そのときに流用設計の中心になるのは構想設計者になる。

表8-1 ▶ BOMを使った新規図面枚数の管理

レベル	部品名	数量	図面枚数	流用	新規	新規割合
1	A	1	2		2	
2	B	1	1		1	
3	C	2	1		1	
3	D	2	1	1		
2	E	1	1	1		
3	F	5	1	1		
3	G	5	1	1		
2	H	1	1		1	
	合計			4	5	56%

ただし、流用設計をあまり強引に進めると、製品の陳腐化につながるので、製品によっては流用設計を進めるべき機能と、流用設計を進めない機能に分ける必要がある。

8-3 「共通ユニット化」でトータル・リードタイムを短縮する

複数の製品で使える共通ユニットを設計しておくと、設計期間が短くなるだけでなく、ユニットをあらかじめ生産し、注文がきたら専用部だけを設計・生産するだけで出荷できる。その結果「**受注から出荷までのトータルのリードタイム**」を大幅に縮められる。

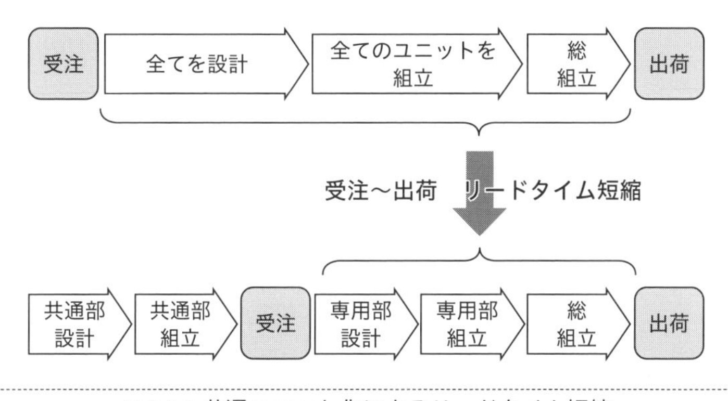

図8-4 ▶ 共通ユニット化によるリードタイム短縮

また、共通ユニットを開発すると、設計工数が減るので設計余力ができる。その余力で新製品を開発すると、固定費を増やさずに限界利益を増やすことができる。

ポイント 79　「共通ユニット化」で新製品の設計余力をつくる

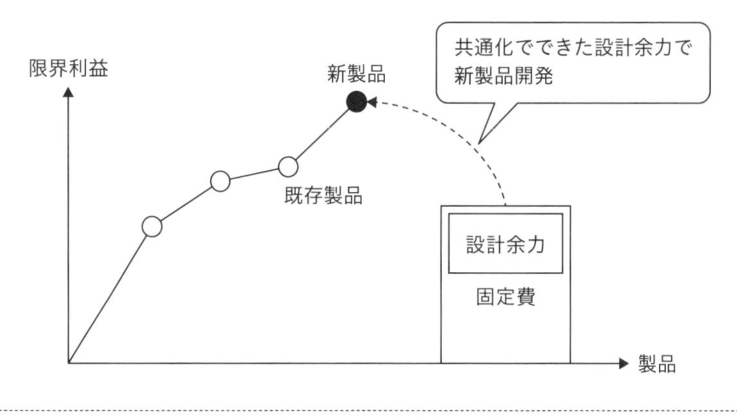

図 8-5 ▶ 共通化による設計余力で新製品開発

◆ 事例：共通ユニット化には 2 つの流れがある

ユニット化は、自動車のように燃費や道路の幅などの影響で「製品の大きさ」に制限がある場合は、最初に「共通のベース」を設計し、その上にユニットを乗せていく「**プラットフォーム設計**」が主流になる。

製造設備や精密機器のように、大きさの制限が緩い場合は、共通ベースは使わないで、ユニットを組み合わせる「**モジュール設計**」が主流になる。

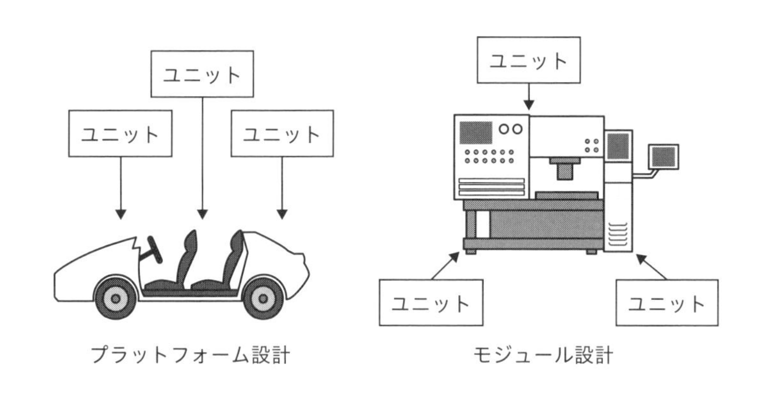

図 8-6 ▶ プラットフォーム設計とモジュール設計

8-4 製造業のデジタル化は競争力の源泉

近年、製造業でのデジタル化が急速に進んでいる。

しかし、中小製造業のデジタル技術の活用目的（効果が出た項目）は、図 8-7 のように「生産性や生産工程の効率化」が中心で、「新製品開発・新技術開発への利用」は 17.8%にすぎない（「2022 年度 ものづくり白書」より）。

したがって、**製品開発へのデジタル技術の利用**は、まだ開拓途中の分野で、付加価値経営を目指す企業が最優先で取り組むべきテーマと言える。

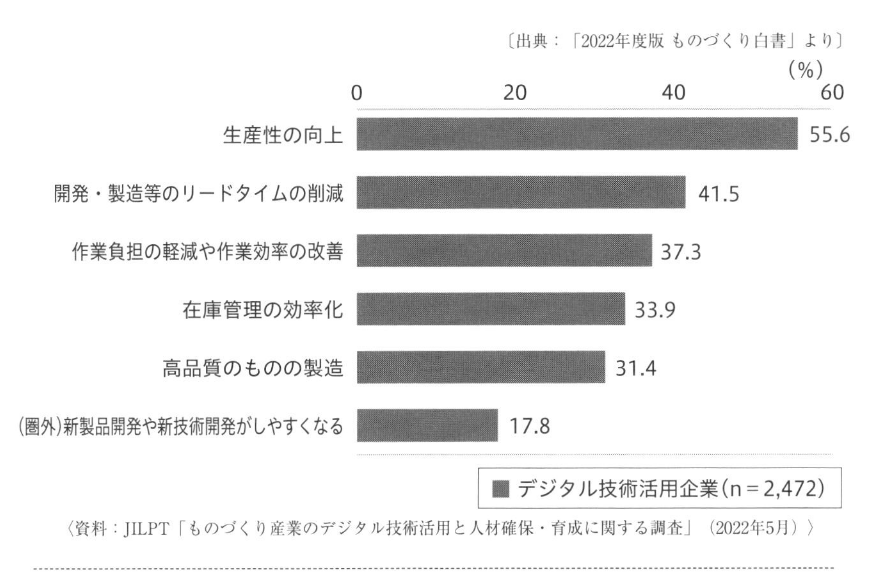

図 8-7 ▶ デジタル技術の活用により効果が出た項目（上位 5 つ）

ポイント80 CAD/CAM、CAE、3D プリンタなどの利用が付加価値経営に有効

製造業が納期短縮で付加価値経営を目指すには、CAD/CAM 化、CAE の利用、3D プリンタの利用が有効になる。

◆ CAD

2D CAD（2 次元でのコンピュータ支援設計）は平面的な図面を作成するソフトで、正確な寸法（寸法公差など）を描いた図面を作成できる。

3D CAD（3 次元でのコンピュータ支援設計）は立体的なオブジェクトを作るソフトで、視覚的にリアルなイメージを作成できる。

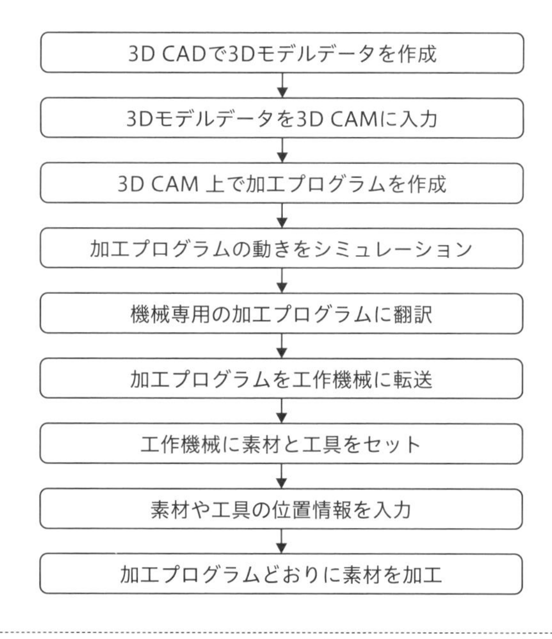

図 8-8 ▶ 3D CAD での設計から工作機械による加工までの流れ

◆ CAM

CAMは「3D CADで作ったデータ」を機械加工用のプログラムに変換するソフトで以下のメリットがある。

① 短時間に複雑な加工ができる

3次元形状のような複雑な立体形状の加工は、機械にプログラムを手入力するより、CAMを使って機械加工プログラムを作る方が時間がかからない。

② 加工ミスが減る

CAM上では「作った加工プログラム」の加工シミュレーションができる。そのため、加工プログラムのミスを加工前に発見できる。

◆ CAEソフト

開発段階で製品の性能をシミュレーションするソフト。「熱解析、振動解析、流体解析、構造解析、電磁界解析、疲労解析、組立検証」などを短期間に高精度で行える。その結果、開発期間短縮と品質向上が可能になる。

◆ 3Dプリンタ

3Dプリンタは3D CADのデータを元に、断面を積み重ねて立体物を作り上げる装置。3Dプリンタを使うと、試作品生産や小ロット生産のスピードアップができる。(3Dプリンタの詳しい説明は専門書をご確認下さい。)

ただし、「(積層型の) 3Dプリンタ」に対して、多軸のマシニングセンタなどを使った「金属加工のスピード」がCAMの進歩で大幅にアップしている。試作品に材料強度や加工精度を求める場合は、「**金属加工による試作**」も選択肢に入れるべき。

◆ 事例：産業機械メーカーの構想設計力

産業機械メーカーのB社は「受注→仕様書入手→手書きの立体図で構想設計→3D CADで部品図作成→CAMで加工プログラム作成→機械加工」といった手順で生産を行っている。

しかし、B社には深刻な問題があった。**手描きの立体図（ポンチ絵）**を描いて製品の構想設計ができるのはベテラン設計者だけで、「数年後にベテラン技術者が退社すると、B社の開発力が急激に低下する」という問題だ。

若手設計者の中には、完成したポンチ絵を見ながら3D CADで図面を描くのが「設計者の最も重要な仕事」と思っている社員が多く、彼らには仕様書をもとに立体の構想図を描くことができない。

数年後には、タブレットにペンで描いた立体図を3D CADデータに自動変換するソフトができるだろう。しかし、たとえそのときでも設計者に「立体図を描くための空間認識能力」が必要なのは変わらない。

B社は、現在はベテラン設計者が講師になって、ポンチ絵描きの社内講習会を行っている。

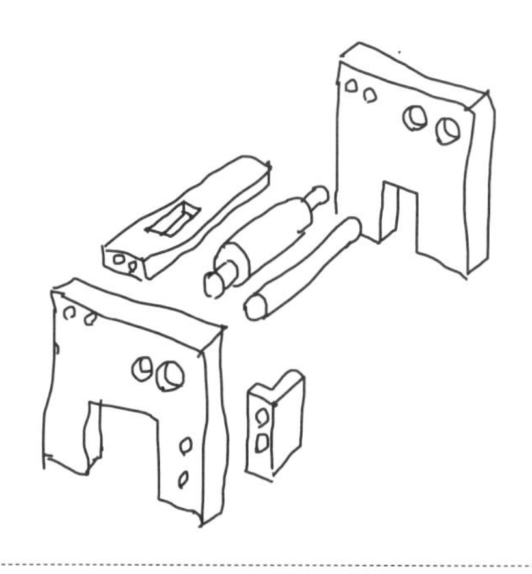

図8-9 ▶ ポンチ絵

◆ 事例：産業機械メーカーの CAD/CAM 化

B 社は受注生産で産業機械用の部品を加工している。B 社では設計者が 3D CAD で作ったデータを紙に 2D 図面として印刷し、作業者は紙図面を見ながらマシニングセンタに加工プログラムを手入力している。ただし、立体加工のような「CAM を使わないとできない加工」が全体の 10%程度あるので、その部分の加工だけは作業者が CAM で加工プログラムを作っている。

しかし、B 社には近年以下の課題が明らかになってきた。

① **加工ミスの増加**

ベテラン作業者の退職に伴い、代わりに若手が入ってくると、加工プログラムの手入力ミスが多く、作り直しによる損失が増えている。

② **工作機械の稼働率の低迷**

手入力のプログラムで機械を動かすと、1 回当たりの加工時間が短いので、夜間の自動加工時間が短い。マシニングセンタの稼働率がなかなか上がらなく、工場の生産高も上がらない。

そのため、B 社では、CAM で加工プログラムをつくる専門部門を立上げ、CAM 利用率を 3 年後 60%、5 年後には 100%に上げようとしている。

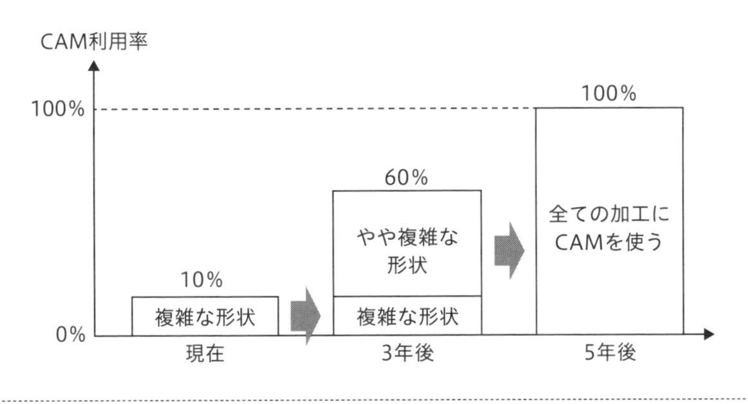

図 8-10 ▶ B 社の CAM 利用率向上計画

ポイントチェック表

✔	No.	ポイント	ページ
□	29	決算書を見ても全てが手遅れ	39
□	30	直接原価計算で途中経過がわかる	40
□	31	限界利益の最大のメリットは「シンプル経営」	41
□	32	限界利益分析で経営状態を毎月把握する	42
□	33	限界利益分析で経営状態を多角的に見る	43
□	34	限界利益分析では固定費を期間原価としてとらえる	44
□	35	付加価値経営では目標限界利益率を使って見積価格を決める	45
□	36	限界利益と付加価値は似ているが違う	46
□	37	付加価値の源泉は差別化	48
□	38	限界利益分析で使う付加価値の計算方法は「控除法」	49
□	39	生産性アップは企業の限界利益アップに直結する	51
□	40	限界利益分析の流れをしっかり理解する	53
□	41	限界利益分析の目的は経営目標の達成	64
□	42	決算書提出は義務、限界利益分析は企業の勝手	65
□	43	決算書はどんな企業も計算方法は同じ	66
□	44	使う部門や使う目的で限界利益分析の分析軸を使い分ける	67
□	45	限界利益分析で使うグラフを目的によって使い分ける	68
□	46	損益分岐点分析と限界利益分析の違いを理解する	70
□	47	限界利益目標を 3 段階にすると経営戦略の柔軟な実行が可能になる	74
□	48	バリューマップは横軸は人数や投資額、縦軸は限界利益で作る	77
□	49	限界利益分析では固定費の全てを今年度の費用として扱うので黒字倒産のリスクが減る	80
□	50	工程別の限界利益を使って各工程の収益性を評価する	82
□	51	限界利益を使えば投資回収計算は簡単	84
□	52	限界利益図を使って戦略毎の効果を予測する	86
□	53	プラントの利益計算には賃率や稼働率は使わない	89
□	54	部門別の賃率計算を全社一律賃率に切り替えて簡単にすませる	90
□	55	今年度の目標限界利益率の決め方は 3 つのパターンから選ぶ	94
□	56	売上数を増やすなら、限界利益が大きい製品を選ぶ	98
□	57	決まった割合で値上げするなら、一番価格が高い製品を値上げする	100
□	58	粗利が赤字でも限界利益が黒字なら販売を続ける	104
□	59	粗利が赤字でも限界利益が黒字なら受注する	106

✔	No.	ポイント	ページ
□	60	市場開拓のために製品を売るときは、製品限界利益が赤字でない限りは、製品粗利が赤字でも売るべき	109
□	61	「作業時間」がボトルネックの企業は、生産性が高い製品から受注する	111
□	62	原価企画の活動内容を理解する	115
□	63	部品の共通化は 3 ステップで進める	118
□	64	製品を分解・調査して提案営業を行う	121
□	65	ティアダウンが違法行為にならないよう注意する	124
□	66	技術者のタコつぼ化を防ぐには様々な方法がある	134
□	67	サイロの壁を崩す	136
□	68	改善活動でできた時間を使った社員のスキルアップが次年度以降に付加価値を生む	148
□	69	外注化と内製化の比較をするときは「社内加工費などの固定費」は外して考える。つまり、限界利益で比較する	150
□	70	「忙しいので外注化」という判断は危険	152
□	71	昼間に「夜間の無人運転」を準備する	156
□	72	材料歩留りアップなどによる「材料費削減」は製品限界利益アップに直結する	158
□	73	OEM 生産は高付加価値生産に移行するまでの「つなぎの戦略」	161
□	74	なぜなぜ分析の結果は、逆にさかのぼってロジックを確認する	163
□	75	日報作成の目的で限界利益アップにつながるのは「作業分析」と「進捗管理」だけ	164
□	76	短納期化は初期工程で取り組む	169
□	77	流用設計の進め方は企業によって異なる	170
□	78	設計者が流用設計を目標にする	172
□	79	「共通ユニット化」で新製品の設計余力をつくる	173
□	80	CAD/CAM、CAE、3D プリンタなどの利用が付加価値経営に有効	176

〈著者略歴〉

堀口 敬（ほりぐち　たかし）

1950 年北海道出身。
1972 年沖電気工業（株）に入社し、ファクシミリとプリンタを開発。
1994 年からは原価企画部長として以下の業務を行う。

- ●自社製品への限界利益分析
- ●自社の 20 製品への原価企画（開発段階からのコストの作り込み）
- ●東南アジアの部品メーカー 60 社への現場改善指導
- ●競合 45 製品へのティアダウン（分解分析）
- ●自社 3 工場間（英国、タイ、日本）の原価管理システム開発

2003 年に経営コンサルタントとして独立、製造業 430 社への原価管理・原価企画・現場改善・工程管理の指導を行う。

著書には以下など 15 冊がある
- ●「原価計算だけで満足していませんか！第 2 版」（2015 年、日刊工業新聞社）
- ●「改善だけで満足していませんか！」（2013 年、日刊工業新聞社）
- ●「すらすら生産管理」（2012 年、中央経済社）
- ●「儲かる工場への挑戦」（2012 年、日刊工業新聞社）
- ●「究極！原価企画の進め方」（2009 年、日刊工業新聞社）
- ●「わかる！ 使える！ 工程管理入門」（2019 年、日刊工業新聞社）

[連絡先]
〒 060-0808　北海道札幌市北区　北 8 条西 3 丁目 32 番 2605
TEL：011-746-0144　携帯：090-6542-4929　電子メール：h-bc@nifty.com
https://h-bc.jp

NDC 336.85

限界利益（見積・分析）をうまく使って「売上アップ！」
ー利益と付加価値を生み出す原価計算・経営改善テクニック

2023年 9月15日　初版 1 刷発行　　定価はカバーに表示してあります。

©著者　堀口 敬
発行者　井水 治博
発行所　日刊工業新聞社　〒103-8548 東京都中央区日本橋小網町14番1号
書籍編集部　電話 03-5644-7490
販売・管理部　電話 03-5644-7403　FAX 03-5644-7400
URL　https://pub.nikkan.co.jp/
e-mail　info_shuppan@nikkan.tech
振替口座　00190-2-186076

印刷・製本　新日本印刷㈱

2023 Printed in Japan　落丁・乱丁本はお取り替えいたします。
ISBN　978-4-526-08293-1　C3034